「新潮の悪魔」をパトリオットする

―「仏説・降魔経」現象編―

大川隆法

Ryuho Okawa

本霊言は、2013年8月1日(写真上・下)、幸福の科学総合本部にて、
質問者との対話形式で公開収録された。

まえがき

鏡というものは本人そっくりに映《うつ》っているように見えて、実は左右が逆になっている。週刊誌から見た世界もちょうど同じようなものだ。世間や自分自身までもが、錯覚《さっかく》を見て、左と右、虚《きょ》と実《じつ》、地獄《じごく》と天国がさかさまに映《うつ》し出されているのに、それを真実だと信じ込まされてしまうのだ。

あえて、時には批判を加えることも、仏の慈悲の一つだろう。尻尾《しっぽ》をつかまれた悪魔は、もう穴に逃げ込めない。今回は「新潮の悪魔」の正体を明らかにした。他の週刊誌を中心とするメディアにも、十分な自己反省の機会となるだろう。新潮のお抱え浪人にも、今回はパトリオット・ミサイルを撃った。悪はただのボヤのように見えても、風が吹けば近所を焼き尽くすこともあるからだ。「仏説《ぶっせつ》・降魔経《ごうまきょう》」現《げん》象編《しょうへん》として、現代の悪魔の正体の一端《いったん》を明らかにした次第《しだい》である。

二〇一三年　八月二日

幸福《こうふく》の科学《かがく》グループ創始者兼総裁《そうししゃけんそうさい》　大川隆法《おおかわりゅうほう》

「仏説・降魔経」現象編――「新潮の悪魔」をパトリオットする　目次

まえがき　1

第1章　「新潮《しんちょう》の悪魔《あくま》」齋藤十一《さいとうじゅういち》への喚問《かんもん》

二〇一三年八月一日　収録
東京都・幸福の科学総合本部にて

1　「現代の悪魔」とは何なのか　17
相変わらず悪魔趣味《しゅみ》がこもっている「週刊新潮」の誌面　17
今回の記事も「神聖な公務に対する執行妨害《しっこうぼうがい》」　19
「新潮の悪魔」齋藤十一とストーカーまがいの藤倉某《ふじくらぼう》を調べる　21

「ひとのみち教団」に属していた齋藤十一　23
「現代の悪魔」とは、人間の持つ平凡性《へいぼん》や醜《みにく》さ等の表現　24
「報道の自由」には、「悪魔の悪口の自由」の面もある　25
まず、新潮社の大番頭《おおばんとう》、齋藤十一を招霊《しょうれい》する　26

2　今回の記事の真相　29

呼び出した霊の本人確認を行う　29
自分を「神」と呼ばせようとする齋藤十一　32
「週刊新潮」の編集長に、ときどきポイントを教えている　33
創業者的立場の齋藤十一にとって、酒井《さかい》編集長は「チンピラ」　36
有名人のところに踏《ふ》み込《こ》んだ幸福の科学はネタになる？　38
幸福の科学を記事にする新潮社には感謝が必要？　42
スクープが出なくなった「週刊新潮」はネタ切れか　44
前代未聞《ぜんだいみもん》の取材をかけてきた「週刊新潮」乱心？　46

「霊言《れいげん》はインチキっぽい」と揶揄《やゆ》する齋藤霊言の自己矛盾《むじゅん》　48

3 幸福の科学への嫉妬《しっと》　52

「有名人の名前で商売をするな」と週刊誌が批判する矛盾　52

「俺《おれ》は本物だ」と主張する齋藤十一　56

週刊誌では不可能な「幸福の科学の取材手法」への嫉妬　59

大川隆法の「能力」は認めている齋藤十一　62

社長の〝手裏剣《しゅりけん》〟が当たらないことにイラついている　63

保守系の「週刊新潮」が「河野《こうの》談話」「村山《むらやま》談話」を認める？　66

業界で噂《うわさ》になっている幸福の科学の「特殊《とくしゅ》なルート」　69

他人が読むと「当たっている」と分かる守護霊《しゅごれい》霊言　73

本当は幸福の科学と業務提携《ていけい》して「代理取材」をしてほしい？　75

記事に「お金の話」が多いのは金欠だから　78

記事を逆手《さかて》に取った『大川隆法の守護霊霊言』に驚《おどろ》く　80

4 ＰＬ教団への思い入れ 85
「人生は芸術」とＰＬ教団で教わった 85
「花火大会はＰＬのまねだ！」という言いがかり 88
霊になった今も「神聖なるＰＬ教団」と呼ぶ 91
ゴルフ場をまるごと買い、ゴルフに興じていたＰＬの教祖 92
「ＰＬの教祖の霊界《れいかい》での居場所」を知っている齋藤十一 95
「公開霊言」の磁場《じば》のなかに新潮社の社員は入れるのか 96
「幸福の科学はＰＬ教団をまねしている」という見方 103
霊能力のないＰＬ教団からは幸福の科学が怪《あや》しく見える 107
変わったかたちをしたＰＬの塔《とう》は「芸術」なのか 109
「週刊新潮」が「霊言」に執着《しゅうちゃく》する霊的真相 112
5 幸福の科学の「霊言」への驚き 116
「あらゆる霊を招霊できること」を不思議がる 116

霊言をインチキだと証明できなかった「週刊新潮」 120
「幸福の科学のような〝週刊誌的行為《こうい》〟をしたい」という本音 124
「週刊誌のメインマーケット」への当会の参入を嫌《いや》がる 127
「招霊」を「誘拐《ゆうかい》」と誤解している齋藤十一 132

6

「週刊誌の将来」に対する不安 135

「週刊新潮」の報道に使われている〝分身の術〟 135
幸福の科学を批判している内容は、「週刊新潮」自体のこと？ 140
「『週刊新潮』の部数減少」に対する強い危機感 142
幸福の科学のオピニオンに後追いするしかないマスコミ 148
根元《ねもと》から崩《くず》されつつある「週刊誌マーケット」 152
「欲を満たしてあげたほうが部数は出る」が社是《しゃぜ》？ 157
保守系雑誌でありながら皇室を叩《たた》く理由 161
「皇室叩き」を世間《せけん》のせいにして逃《に》げる齋藤十一 163

7
マスコミ業界の〝神のなかの神〟とは 169
「〝高級な病室〟で相談の手紙に答えている」という現状 169
幸福の科学の「霊言」と「政治活動」を嫌がる陰《かげ》の存在とは 173
公職選挙法違反《いはん》に当たる「週刊新潮」の記事 176
「世界伝道阻止《そし》」も目論《もくろ》むマスコミ業界の〝神のなかの神〟 178
「幸福の科学学園も中長期的に潰《つぶ》せ」という〝上〟からの指令 182
指令を出しているのは〝ワールド・ティーチャー〟？ 185
「いじめ対策法」や「当会学園事業」のきっかけになった新潮 188
「週刊新潮党」が立党したら票は入る？ 191

8
「悪魔の民主主義」がはびこりやすい現代日本 195
「守護霊霊言パート2」の発刊を恐《おそ》れている酒井編集長 195
「『守護霊霊言』は『言論の自由』の侵害《しんがい》」という主張 198
「守護霊霊言」が与《あた》える影響力《えいきょうりょく》の大きさとは 201

「『週刊新潮』は地獄《じごく》への切符《きっぷ》」ということが判明　204
思想犯として「無間地獄《むけんじごく》」に隔離《かくり》されている齋藤十一　206

第2章　フリーライター・藤倉善郎守護霊《ふじくらよしろうしゅごれい》への喚問《かんもん》

二〇一三年八月一日　収録
東京都・幸福の科学総合本部にて

1　幸福の科学に「ストーカー」する目的　215
教団をつけ回すフリーライターの守護霊を喚問する　215
チャネラーの表情が藤倉氏そっくりに豹変《ひょうへん》　217
「大川隆法との対談」を実現して有名人になりたい願望　219
「有田芳生《ありたよしふ》」の名前に激しく反応する　222

教義は分からなくても「幸福の科学の第一権威《けんい》」を自任 227
一方的な情報源しか取材しない不可解な「公平感覚」 228
たった一人の反対者の声を全員の意見のように〝大本営《だいほんえい》発表〟 230
「取材」と称《しょう》して女子高生を映画館のなかで追いかけ回す? 232
藤倉氏が極端《きょくたん》にぶれるようになった二つの背景 236
リスクを恐れて「藤倉起用」を敬遠し始めたマスコミ 238
統一協会《とういつきょうかい》と幸福の科学との区別もつかない不勉強ぶりが露呈《ろてい》 242
「取材のために学園の図書館蔵書を総入れ替《か》え」という妄想《もうそう》 244
「幸せになった人の声はすべて創作」という根拠《こんきょ》なき決めつけ 247
地元と無関係の「共産党系活動家」による反対運動に肩入《かたい》れ 250

2

「新潮」のクビ切り要員として 254
「俺が『新潮』を食わせている」との誇大《こだい》発言 254
「クビ切り要員」としての自覚はあるのか 257

「子育てのために早く権威が要《い》る」という本音　259
創価学会《そうかがっかい》のような脅《おど》しを一切《いっさい》しないのは「物足りない」？　262
幸福の科学では〝危険犯〟として少し有名になった藤倉氏　266
「強者にはレッテルを貼《は》ってよい」という自分勝手な論理　267

3 **「ブラック・ジャーナリスト」の実態**　270
藤倉氏には「創価学会」への取材を勧《すす》めたい　270
「取材先を脅し、金銭《きんせん》を要求する」のが得意技《わざ》？　272
「フライデー」の記者にもお車代を渡《わた》さなかった幸福の科学　274
「幸福の科学をゆするのは無理だ」と知るべき　277

4 **宗教は冒瀆《ぼうとく》を許さない**　281
「新潮社への警告」でもある今回の霊言　281
藤倉氏は「斬《き》られ役」として使われていることの自覚を　284

あとがき 288

「霊言現象《れいげん》」とは、あの世の霊存在の言葉を語り下ろす現象のことをいう。これは高度な悟《さと》りを開いた者に特有のものであり、「霊媒現象《れいばい》」（トランス状態になって意識を失い、霊が一方的にしゃべる現象）とは異なる。外国人霊の霊言の場合には、霊言現象を行う者の言語中枢《ちゅうすう》から、必要な言葉を選び出し、日本語で語ることも可能である。

また、人間の魂《たましい》は原則として六人のグループからなり、あの世に残っている「魂の兄弟」の一人が守護霊《しゅごれい》を務めている。つまり、守護霊は、実は自分自身の魂の一部である。したがって、「守護霊の霊言」とは、いわば本人の潜在《せんざい》意識にアクセスしたものであり、その内容は、その人が潜在意識で考えていること（本心）と考えてよい。

なお、「霊言」は、あくまでも霊人の意見であり、幸福の科学グループとしての見解と矛盾《むじゅん》する内容を含《ふく》む場合がある点、付記しておきたい。

第1章

「新《しん》潮《ちょう》の悪《あく》魔《ま》」齋《さい》藤《とう》十《じゅう》一《いち》への喚《かん》問《もん》

二〇一三年八月一日　収録

東京都・幸福の科学総合本部にて

齋藤十一《さいとうじゅういち》（一九一四～二〇〇〇）

編集者。北海道生まれ。早稲田《わせだ》大学理工学部理工科在学中の一九三五年、大学を中退して新潮社《しんちょう》に入社。一九四六年、同社取締役《とりしまりやく》となり、雑誌「新潮」の編集長を兼務《けんむ》した。その後、「芸術新潮」や「週刊新潮」、写真雑誌「フォーカス（FOCUS）」の創刊に携《たずさ》わった。新潮社の「天皇」とも「怪物《かいぶつ》」とも呼ばれ、一九九七年に同社顧問《こもん》に退《しりぞ》いたのちも、死の直前まで「週刊新潮」を取り仕切っていたと言われている。

質問者

小林早賢《こばやしそうけん》（幸福の科学広報・危機管理担当副理事長）

里村英一《さとむらえいいち》（幸福の科学専務理事〔広報・マーケティング企画《きかく》担当〕）

渡邊伸幸《わたなべのぶゆき》（幸福の科学理事 兼《けん》 広報局長）

［役職は収録時点のもの］

1　「現代の悪魔《あくま》」とは何なのか

相変わらず悪魔《あくま》趣味《しゅみ》がこもっている「週刊新潮《しんちょう》」の誌面

大川隆法　新潮《しんちょう》社に関して、私は、去年（二〇一二年）、一昨年《おととし》（二〇一一年）と、一年に一冊ぐらい批判本を出しています。

一昨年に発刊した『「週刊新潮」に巣くう悪魔《あくま》の研究』（幸福の科学出版刊）は、私がインドとネパールへ海外巡錫《じゅんしゃく》に行っていたとき、滞在《たいざい》先のホテルで「新潮の悪魔」というものに襲《おそ》われたので、帰国後、〝パトリオット・ミサイル〟（迎撃《げいげき》用ミサイル）として出したものです。

去年は、「週刊新潮」の酒井逸史《さかいはやと》編集長の守護霊霊言《しゅごれいれいげん》を、『徹底霊査《てっていれいさ》「週刊新潮」編集長・悪魔の放射汚染《おせん》』（幸福の科学出版刊）として出しています（二〇一二年には『人間失格――新潮社　佐藤隆信《さとうたかのぶ》社長・破滅《はめつ》への暴走』〔幸福の科学出版刊〕も発刊している）。

年に一回ぐらいは出さないと悪魔の活動が収まらないようなので、ときどき出したほうがよいのかもしれません。

参議院選挙も絡《から》み、「週刊新潮」には選挙前に幸福の科学の記事が出ましたが、選挙後の今週号（八月八日号）にも、当会の記事が出ています。「出すだろう」とは思っていました。

数多くのメディアが当会を黙殺《もくさつ》しているなかにあって、丁寧《ていねい》にウォッチし、丁寧に当会の本を読んでくださっているのは、ある意味で、まことにありがたいことですし、「幸福の科学の研究をしていたら、部数が伸《の》びるのではないか」と思ってくれているのなら、結構なことではあります。

ただ、相変わらず、その誌面には悪魔趣味《しゅみ》がこもっているようで、読むと、悪魔っぽいものが頭にかぶってくるように感じられます。

私も、昨日《きのう》の夜、そういうものを少しかぶったのですが、「裏にいる者」が来ていたので、二時間ほど、その者の霊言を録《と》りました。そして、「これは、そろそろ、〝パトリオット・ミサイル〟を撃《う》っておいたほうがよい」と思ったのです。

今回の記事も「神聖な公務に対する執行妨害《しっこうぼうがい》」

大川隆法　選挙前に「週刊新潮」が載《の》せた、当会への批判記事に関し、『池上彰《いけがみあきら》の政界万華鏡《まんげきょう》』（幸福の科学出版刊）の「あとがき」において、「週刊新潮には、いつもお金の話しか書いてない」というようなことを述べたところ、今回の記事では、当会についいて、「有名人好きであり、霊言集で有名人ばかり出してくる」というようなことを書いてあります。

ある意味で、彼らは、自分たちが有名ではなく、名前が本の表題にならないので、悔《くや》しく思っているのかもしれません。大手のマスコミ等で、個人の名前を表題にした霊言集を出せる有名人は数少なく、「週刊新潮」の編集長の守護霊霊言も出てはいますが（前掲《ぜんけい》『徹底霊査「週刊新潮」編集長・悪魔の放射汚染』）、『酒井逸史編集長守護霊インタビュー』では本の表題にはならないのです。

ましてや、頭の周りのハエか金魚のフンか知りませんが、今、当教団をつけ回している、藤倉某《ふじくらぼう》というフリーライターの名前など、本の題名には使いたくありません。

使うと、その人物を有名にしてしまうだけです。

彼らには有名人への嫉妬《しっと》もあるのではないでしょうか。

そういうことで、今回、霊言は出してやろうと思いますが、おそらく、世間《せけん》の人々の多くは、その名を知らないので、名前を表《おもて》に出すのは、度が過ぎるというか、社会的にフェアなジャッジメントではないでしょう。本のなかで目次等に名前が出てくる程度にはしようと思います。

今回の記事も「神聖な公務に対する執行妨害《しっこうぼうがい》」なので、この世的だとは思いますが、たまには反論しなくてはいけません。

ただ、悪魔を私の体に長く入れると、悪魔の力が強く見えすぎて、質問者がくたびれるので、今回は別のチャネラーを用意してあります。

もちろん、最初は、呼び出した霊を私の体に入れ、本人確認を行います。それに関しては、私がやらないと危ないのですが、本人確認ができた段階で、霊をそちらのほうに移動させることにします。このチャネラーは関西弁を話すため、霊言も言葉的には関西弁風になるかもしれないのですが、内容的には本人の思いを伝えてくれるのではないかと思います。

そして、霊言が終わったあと、霊にお引き取りいただく仕事等は、私のほうで引き受けるつもりでいます。

「新潮《しんちょう》の悪魔《あくま》」齋藤十一《さいとうじゅういち》とストーカーまがいの藤倉某《ふじくらぼう》を調べる

大川隆法　今日の予定としては、まず、前回、「新潮《しんちょう》の悪魔《あくま》」と名乗り、本名を名乗らなかった人物であると思われる、齋藤十一《さいとうじゅういち》氏を呼びます。

この人は「週刊新潮」や写真雑誌「フォーカス」等をつくった人です。そういう意味では、「新潮社の創業者一族である佐藤家に仕えていた人ではないか」と推定されるので、この人を最初に呼び、本心を探《さぐ》ってみます。霊的には当会の広報局とかなりやり合っている人でしょう。

新潮社の佐藤隆信社長の守護霊は、今は、まだ甲賀《こうが》流の手裏剣《しゅりけん》の練習に熱中しているかもしれないので（笑）、今回は呼びません（注。佐藤社長の過去世《かこぜ》は甲賀流の忍者《にんじゃ》である。前掲『人間失格――新潮社　佐藤隆信社長・破滅への暴走』参照）。

斎藤氏のあと、当会に対し、ストーカーのようなことをしている藤倉某《ふじくらぼう》の守護霊を呼んでみます。

先日（二〇一三年六月二日）、私は幸福の科学学園関西校の体育祭を視察しましたが、彼は、そのときも来ていて、ネットのなかに入れてもらえず、職員と押《お》し問答《もんどう》をしていました。

ああいう、素性《すじょう》のよく分からない、「カルト新聞」なるものを出している人物に、幸福の科学学園の女子中高生が体育祭で踊《おど》っている姿を写真に撮《と》られ、「カルト新聞」に載せられて悪口を書かれたくはないので、ブロックするのは当然でしょう。また、関西校のある地域では、通常、体育祭を関係者以外には公開しないそうなので、それは当たり前の行動だったのです。

彼は朝早くから来ていたので、おそらく前泊《ぜんぱく》をし、ホテル代と電車賃ないし飛行機代がかかっているでしょうが、うまく取材できなかったので、編集長から怒《おこ》られたに違《ちが》いありません。私は、彼が追い返されたのを見て、「おそらく、また悪口を書くだろうな」とは思いました。彼は当会の悪口をチョコチョコと書いているようです。

なお、その後ろで糸を引いている霊人《れいじん》もいて、先ほど述べたように、昨日《きのう》の夜、その霊言を収録してはいますが、今さら出すほどでもありません。

「ひとのみち教団」に属していた齋藤十一

大川隆法　今回、気になったのは、齋藤十一氏や、新潮社の創業者一族である佐藤家が、ひとのみち教団に入っていたことです。

この教団は、戦前、弾圧《だんあつ》を受けて解散させられましたが、戦後、名前を変えて再出発し、ＰＬ（パーフェクト リバティー）教団となりました。

ここには高校野球で有名なＰＬ学園があり、清原《きよはら》や桑田《くわた》が出て有名になりました。雨天練習場を持ち、全国から野球の上手な生徒を集めて、ＰＲに努めています。

この教団を再興した二代目教祖は「人生は芸術である」と言っていました。

齋藤十一氏は、ＰＬ教団の前身である、ひとのみち教団において、佐藤家の人たちと知り合い、当時の新潮社社長の孫の家庭教師をした縁《えん》で、新潮社に入ったようです。

その後《ご》、齋藤氏は、週刊誌を次々と創刊していきました。

齋藤氏には、もしかしたら、宗教的なものも少し入っていて、当会に対する、宗教的な嫉妬などもあるのかもしれません。今回は、やりませんが、今日の齋藤氏の霊言で、もし、そういう感じがした場合には、次回以降、ＰＬの教祖を喚問《かんもん》することもありえます。今回は新潮社だけにとどめておきたいとは思いますが、一回、調べる必要はあるかもしれません。

ＰＬは、現時点では、もう当会の競争の相手ではないので、私としては気にもしていません。大阪《おおさか》の富田林《とんだばやし》のほうで、蟻塚《ありづか》のようなかたちのもの（大平和祈念塔《きねんとう》）を建てているだけなので、特に害はないように思うのですが、もし霊的に何か関係があるのなら、調べなくてはいけないでしょう。

「現代の悪魔《あくま》」とは、人間の持つ平凡《へいぼん》性や醜《みにく》さ等の表現

大川隆法　いずれにしても、週刊誌的なもののなかに、「現代的に表現すれば、悪魔《あくま》とは、どのようなものか」ということを象徴《しょうちょう》するものが入っているので、その意味では、教学に役立つ面もあるでしょう。

「悪魔」という古典的な言葉には、現代人にとって、もう、ピンとこないものがあると思われますが、「現代の悪魔」とは、要するに、嫉妬や悪口を中心としたあたりにある、人間の持つ「平凡性《へいぼんせい》」や「浅はかさ」、「醜《みにく》さ」などの表現だと思うのです。その根本《こんぽん》にあるものです。

悪魔的なるものは、誰《だれ》にでも宿っているわけですが、この部分を抑《おさ》えて、仏性《ぶっしょう》のほうを輝《かがや》かし出すことが修行《しゅぎょう》であると思います。

「報道の自由」には、「悪魔《あくま》の悪口の自由」の面もある

大川隆法　「報道の自由」という美名もありますが、それには、ものによっては、「悪《あく》魔《ま》の悪口の自由」という面も、ないわけではありません。

この週刊誌も、スクープ記事で大臣を自殺に追いやったりするぐらいのことはやっているので、新潮社は、おそらく、恨《うら》まれており、不成仏霊《ふじょうぶつれい》がしっかり出入りしている会社ではないかと思います。これは、記事で〝人殺し〟をしても責任を問われず、〝完全犯罪〟が成り立つ商売のようです。

ただ、言論に対しては言論で相手をすることが大事であり、この世的に、きちんと説得し、理解させてあげないと、相手にとっては分からない面もあろうと思います。

向こうが、どういう論理を週刊誌的に展開してくるのか分かりませんが、それを宗教の論理とかみ合わせてみて、勉強することが大事でしょう。

まず、新潮社の大番頭《おおばんとう》、齋藤十一を招霊《しょうれい》する

大川隆法　今日の収録には時間がかかると思われるので、そろそろ取りかかります。

最初は、『仏説《ぶっせつ》・降魔経《ごうまきょう》』現象編――「新潮の悪魔」をパトリオットする』という本の第1章部分を収録します。

「仏説・降魔経」現象編という言葉は少々おどろおどろしいですね（笑）。

また、「パトリオットする」とは、「パトリオット・ミサイルで撃つ」ということです。

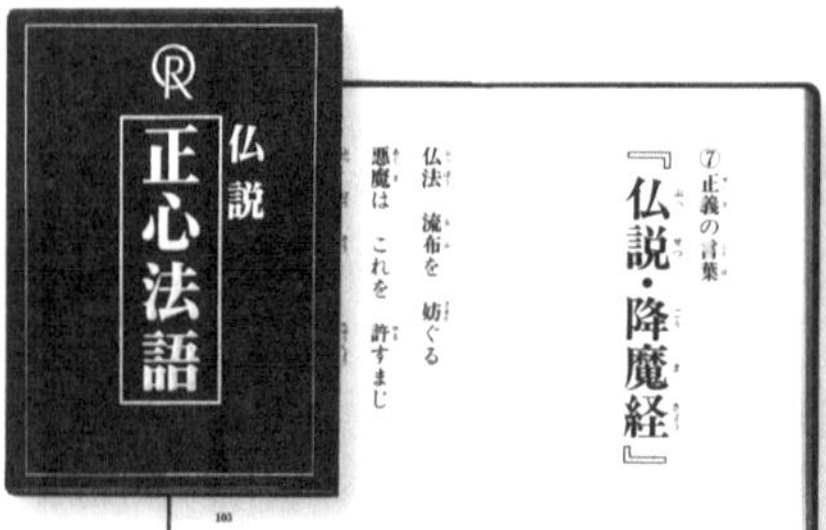

『仏説・降魔経』は、幸福の科学の根本経典『仏説・正心法語《しょうしんほうご》』にある経文《きょうもん》の一つであり、仏法流布《ぶっぽうるふ》を妨げる悪魔を撃退、粉砕《ふんさい》するためのものである。

前回、名前をはっきりとは名乗らなかった「新潮の悪魔」は、齋藤十一氏であろうと推定されるので、まず、この人を呼びます。

この人は、大正三年（一九一四年）生まれで、平成十二年（二〇〇〇年）に八十六歳《さい》で亡《な》くなっています。雑誌「新潮」の編集長を務め、それから、「芸術新潮」「週刊新潮」「フォーカス」の創刊を手がけ、週刊誌ブームをつくった人のようです。

この人の霊を呼んで私の体に入れ、本人確認ができたら、チャネラーのほうに移します。

そろそろチャネラーにも、「新潮キラー」とか「新潮キラー1《ワン》」とか（笑）、何か法名《ほうみょう》が要《い》るかもしれません。こういうケースで本名を出したくはないでしょう。

では、始めます。

（合掌《がっしょう》し、瞑目《めいもく》する）

幸福の科学批判を、こまめにやっている、「週刊新潮」にかかわる方を、招霊《しょうれい》申し上げたいと思います。

最初の方は、ご本人が他界されておりますので、守護霊ではなく、ご本人になると思いますが、「週刊新潮」や「フォーカス」等の創刊にかかわり、新潮社の、ある意味での全盛期をおつくりになった、齋藤十一さんを、お呼びしたいと思います。

新潮社の大番頭《おおばんとう》にして、「週刊新潮」や「フォーカス」等で名を馳《は》せられました、齋藤十一さんの霊をお呼びしたいと思います。

新潮社、齋藤十一さんの霊よ。

どうか、幸福の科学総合本部に降りたまいて、その本心を語りたまえ。

齋藤十一さんの霊よ。

（約五秒間の沈黙《ちんもく》）

2　今回の記事の真相

呼び出した霊《れい》の本人確認を行う

齋藤十一　ああ、ああ。まどろっこしいことを言わねえで、「新潮《しんちょう》の悪魔《あくま》」って言えよ、「新潮の悪魔」って。ええ？

小林　齋藤十一さんですね。

齋藤十一　ああ。「齋藤十一」ったって、もう、今の人は知らんだろう。「新潮の悪魔」のほうが有名になってるんじゃない？

小林　ええ。いちおう、念のため、ご本人かどうか、確認させていただきますが、齋藤十一さんですね。
齋藤十一　ああ。ああ。
小林　そうですね。
齋藤十一　うん。うん。そう。そうだ。
小林　分かりました。前回は必ずしも明示《めいじ》的に名乗ってくださらなかったわけですが、これで確認できました。
齋藤十一　まあ、二回目だからな。付き合いがちょっとできたからな。
小林　では、これから、「パトリオット」に入らせていただきます。

齋藤十一　ああ、そう。俺《おれ》が教祖の体に入ったままだと、おまえら、悪口を言いにくいんだろう？　な？　そういうことだね。

里村　それでは、こちらのチャネラーのほうに移っていただけますでしょうか。

齋藤十一　この人（チャネラー）は、今晩、眠《ねむ》れなくなるだろうねえ。申し訳ないなあ。すまんなあ。じゃあ、そちらに入って、攻撃《こうげき》させてもらうわ。

里村　お願いいたします。

齋藤十一　いいかな？

里村　はい。それでは、どうぞ。

大川隆法　では、齋藤十一の霊《れい》よ、そちら（チャネラー）へ移ってください。

（約十秒間の沈黙《ちんもく》。齋藤十一の霊がチャネラーに移る）

自分を「神」と呼ばせようとする齋藤十一

齋藤十一　それで？

小林　移りましたね。

いちおう、あなたが「週刊新潮」の主《ぬし》ということになっているので……。

齋藤十一　神と言え！　神！

小林　神？（笑）　あなたの場合、われわれから見れば、主でも神でも似たようなものです。

齋藤十一　実際に新潮社を〝建てた〟のは、この俺様だからな。

小林　ええ。分かります。いろいろな週刊誌をつくったりしましたが、「フォーカス」は廃刊《はいかん》の憂《う》き目に遭《あ》いましたね。

齋藤十一　創刊で、三十年、四十年、食べられる……。

小林　まあ、いろいろ、あります。

「週刊新潮《しんちょう》」の編集長に、ときどきポイントを教えている

小林　今日お呼びした趣旨《しゅし》は、どういうことかというと、最近、また、「週刊新潮《しんちょう》」がキャンキャンとうるさいんですよ。

齋藤十一　うるさいのは、おまえたちだろうが。キャンキャン、キャンキャンと。しょうもない政党をつくって、（選挙で）何連敗したら気が済むんだよ。おかげで、たくさん記事を書かせてもらえるわ。

小林　武士の情けで、内容は言いませんが、先週、「週刊新潮」は当会に前代未聞《ぜんだいみもん》の取材をしてきて、記事化もできず、自滅《じめつ》しました。そして、今週は、すでに法律論では決着がついている話を、自分のほうから法律論として持ち出し、誌上で自滅しました。そういうことが続き、「キャンキャンと、うるさいなあ」と感じたので、その意図を教えていただきたいのです。

齋藤十一　私は新潮社の神だから、そんな細かいことを直接にはやっとらんのだ。

小林　いえいえ、前回、「全部、自分が差配《さはい》している」というようなことを、おっしやったじゃないですか。

齋藤十一　指示はしてるけど、直接にはやっとらんのだ。

小林　いえいえ、生前は、「編集長を飛ばし、見出しまで、全部、自分で決めていた」と言われていましたよ。

齋藤十一　当時はな。今は、もう新潮社のなかで崇《あが》められておるから……。私のおかげで、ここまで大きくなったんだ。

里村　直接に手を出す仕事は、今、酒井《さかい》編集長がやっていますからね。ただ、酒井編集長の後ろで、だいたいの組み立てを考える立場ですよね。

齋藤十一　ポイントは、ときどき教えてやってるよ。俺が教えてやってるんだ。

創業者的立場の齋藤十一にとって、酒井《さかい》編集長は「チンピラ」

渡邊　その酒井《さかい》編集長の守護霊《しゅごれい》から、「うちの守護神には、ちょっと教養が足りない」とか、「世界性が足りない」とか言われ、バカにされていましたが……。

大川隆法　（笑）

齋藤十一　何を言ってんだよ。

渡邊　（笑）本当に。

齋藤十一　それは、おまえたちのほうだろうが。

小林　前回、質問者から、あなたは「俗物《ぞくぶつ》主義だ」と言われましたね。

齋藤十一　何を言うか。おまえたちこそ、有名になれないから、有名人を出してきて、有名人の名前を借り、教団の名前を売ろうとしてる。ほんと、せこいよな。

小林　自分を「神だ」と名乗るわりには……。

齋藤十一　ほんとに自信があるんなら、実力で勝負してみろよ、実力で。

小林　「俗物主義だ」と言われたことに関しては、どうなんですか。

齋藤十一　何が俗物だよ。おまえたちが俗物だろうが。

小林　酒井編集長が、あなたを崇めているかどうか、よく分からないのですが……。

齋藤十一　あいつは、最近、編集長になったやつだから、そういった意味では、俺の偉大《いだい》さが分かっとらんのだよ。佐藤《さとう》一族に訊《き》いてみろ。ほんとに、「齋藤君が来てくれたから、これだけになった」と、創業者は言っておるよ。

小林　何十年も前の話なんですけどね。

齋藤十一　何を言ってるんだ。早稲田《わせだ》出身かなんか知らないけど、あんな、チンピラの若い編集長と俺様とを一緒《いっしょ》にするな。俺は創業者的な立場なんだ。

有名人のところに踏《ふ》み込《こ》んだ幸福の科学はネタになる？

小林　ところで、なぜ、最近、うるさいんですか。

齋藤十一　何が？

小林　「週刊新潮」が。

齋藤十一　別に、うるさくはないよ。うるさいのは、おまえたちだろうが。俺たちの仕事を邪魔《じゃま》して、変な政党を立てたり、変な教えを広げたりしとるだろう。

小林　いや、別に、新潮社が念頭にあって政党を立てたわけでも何でもなく、新潮社は蚊帳《かや》の外の外の外のほうにあるのですが、なぜか、チョコチョコと、ちょっかいを出してくるんですよ。

齋藤十一　同じ言葉を返してやるよ、おまえに。とにかく、うちについて、「書く記事がない」とか、勝手なことを言ってるけど、そういうことじゃないんだよ。

大川隆法　（笑）そうなの？

齋藤十一　おまえたちが、勝手に、いろいろなネタを提供してくれてるんだよ。

小林　いや、心理学的に言うと、それは、「自分の本心を吐露《とろ》している」んですよ。そういうことなんですね。

齋藤十一　じゃあ、今回の記事の真相を言ってやろうか。よく聴《き》けよ。

小林　おお！

齋藤十一　要するに、おまえたちは、選挙の直前に、たくさん、たくさん、有名人の霊言《れいげん》を出して、「いけない領域」に踏《ふ》み込《こ》んできたんだ。芸能界、ないしは……。

大川隆法　ないしは？

齋藤十一　有名人のところまで踏み込んできたから、「これはネタになる」と、俺たちは思ったんだよ。

里村　うーん。

齋藤十一　おまえたちは、実力もないのに、人の名前を借りて有名になろうとした。その功名心《こうみょうしん》は、悪いけど、記事に使える。ただ、選挙期間中に書いたら、おまえたちは、また、それを変に曲げて宣伝に使うから、終わったあとに、きちんとベストタイミングで出してやったんだ。

小林　それで、結果はどうでした？

齋藤十一　ん？

小林　虫眼鏡《むしめがね》で探さないと発見できないような、一行記事みたいなものでしたよね。

齋藤十一　だから、いいんだよ。おまえたちの宣伝にならないように、上手に、小さめに出したんだ。

小林　（笑）

里村　宣伝に使われるのが嫌《いや》なんですね？

齋藤十一　何が？　おまえたちの「何とか」っていう〝インチキ雑誌〟と違《ちが》って、「週刊新潮」は何十万部も出してるんだ。違うんだよ、社会的影響力《えいきょうりょく》がっ！

幸福の科学を記事にする新潮社《しんちょう》には感謝が必要？

齋藤十一　要は、腹が立つんだ！

いいか。おまえたちは、新聞には、まったく相手にされなかった。だから、週刊誌の私たちが、ちょっと相手をしてやってるんだよ。感謝しろ！

里村　「まったく」というのは違いますよ。

齋藤十一　新潮社《しんちょう》に少しは植福《しょくふく》（布施《ふせ》）をしろ！

渡邊　今回は、産経にも読売にも、きっちりと出ていましたし、ＮＨＫにも出ていました。

里村　ええ。今回の選挙では。

齋藤十一　いや、ちょっとだけじゃないか。ほかの候補者に比べりゃ、もう、ほんとに、「え？　出てたの？」っていうぐらいじゃないか。

里村　いえいえ、新聞によっては、きちんと主な候補として出ています。

齋藤十一　そうやってね、おまえらは勝手に「公平に報道した」とか言ってるけども、こっち側からすりゃあ、チャンチャラおかしいのよ。おまえたちの得票を見たら、分かるじゃないか。毎回、毎回、減って、「いつまで、やるんだろう」って、もう、みんな、腹を抱《かか》えて笑ってるぜ。フッハッハッハッハ。ほんと、面白《おもしろ》い教団だよなあ。

スクープが出なくなった「週刊新潮《しんちょう》」はネタ切れか

小林　先ほどの話に戻《もど》りますが、結局、ネタ切れなのですか。

齋藤十一　何が？

小林　「週刊新潮《しんちょう》」は。

齋藤十一　書くことは、いっぱいあるさあ。

小林　しかし、ここのところ、全然、スクープがないですよね。ゼロ。これは、われわれが言っているのではなく、客観的評価です。

齋藤十一　スクープ云々《うんぬん》より、部数的には売れてるだろうが。

渡邊　部数でも、今回、「週刊現代」に抜《ぬ》かれてしまいましたね。なぜですか。

齋藤十一　「現代」？

小林　ＡＢＣ公査（新聞や雑誌の発行部数に関する公査）の数字ではなく、実売の話をしてもいいのですが。

齋藤十一　何が？

小林　実売です。

齋藤十一　まあ、「現代」も、そのうち、おまえたちのところに手を出してくるよ。そして、俺たちがまた手を出して、部数を伸《の》ばすんだよ。ハハハ。

前代未聞《ぜんだいみもん》の取材をかけてきた「週刊新潮《しんちょう》」乱心？

小林　なぜ、こういう話をしているかというと、先週、「週刊新潮《しんちょう》」が前代未聞《ぜんだいみもん》の取材をかけてきて、われわれ広報は、抱腹絶倒《ほうふくぜっとう》し、「幸福の科学の二十年以上の歴史のなかで、ここまでバカげた企画《きかく》は初めてだ。よく恥《は》ずかしくないな」と思ったのです。

齋藤十一　何が？

渡邊 「よく、これだけ荒唐無稽《こうとうむけい》な、事実無根の内容で、取材してきたな。酒井編集長は、とうとう、おかしくなったのか」と思いました。

小林 「発狂《はっきょう》したか」と思い、みんなで心配したんですよ。

少なくとも、十年前、二十年前の新潮や、今のほかの週刊誌なら、あんな企画で取材をかけてはきません。「こういう誇大妄想《こだいもうそう》型のでっち上げでもしないかぎり、もう誌面をつくれなくなったのかな」と思い、真面目《まじめ》にご心配申し上げたのです。

齋藤十一 そうじゃない。何度も言ってるじゃないか。おまえたちが、有名人の名前を借りて、霊言集とかいうインチキなものを出し、それで有名になろうとしたから、そういうところを、ちゃんと指摘《してき》してやったんじゃないか。

里村 有名人とおっしゃいますが、みなさん、全部、もう政治的発言をされているような方ばかりですからね。

齋藤十一　ああ。そうだな。

里村　だから、それは、十分な理由があってのことです。「霊言《れいげん》はインチキっぽい」と揶揄《やゆ》する齋藤霊言の自己矛盾《むじゅん》

齋藤十一　それを、インチキっぽい霊言《れいげん》で、それらしく書き、何とか幸福実現党を有名にしようとした。これは、ほんとに名聞《みょうもん》欲っていうやつじゃないか。

小林　「インチキっぽい」と言いましたが、あなたは、今、こうやって霊言をしているわけでしょう？

齋藤十一　ん？

小林　あなた、これはインチキじゃないでしょう？

齋藤十一　俺は生きてるよ。

里村　生きてる？

小林　あなたは、今、「インチキ」と言おうとして、微妙《びみょう》に変え、「インチキっぽい」と、わざわざ「ぽい」を付けました。「真実性がある」ということを認めているから、そう言っているわけじゃないですか。

齋藤十一　俺は高齢《こうれい》者だが、生きてるよ。

里村　現在の自分について、「高齢者だが、生きている」という認識なのですか。

齋藤十一　ああ。いまだに指導してやってるんだよ。

里村　ほう。

小林　要するに、その指導している中身に関しては、「真実性がある」ということを認めているわけですよね。

齋藤十一　ん？　指導してるよ。だって、そうじゃないと、新潮社が立ち行かないじゃないか。

大川隆法　うん。

小林　あなたが指導を外すと、あっという間に立ち行かなくなってしまう？

齋藤十一　まあ、週刊誌では他社に抜かれるだろうな。

3　幸福の科学への嫉妬《しっと》

「有名人の名前で商売をするな」と週刊誌が批判する矛盾《むじゅん》

里村　今回の記事の取材、あるいは記事のなかで、肖像権《しょうぞう》だとか、パブリシティ権だとかいう言葉を使っていますね。

齋藤十一　うーん。そんなの、よ……。

里村　マスコミがそれを使ったら自殺行為《こうい》でしょう？　それを言ったら、「週刊新潮《しんちょう》」は発刊できませんよね、毎号毎号。

齋藤十一　うーん？

里村 そもそも「有名人病」と書いていますが、有名人病は、週刊誌じゃないですか。

大川隆法 （笑）

里村 有名人を取り上げなかったら、商売にならないのですから。

渡邊 毎号、有名人の写真を広告に使っています。

齋藤十一 パブリシティ権とか、そんなことはどうでもいいんだよ。

里村 おお！

齋藤十一 俺《おれ》たちが使うものが「正義」なんだ。

里村　おたくの記者は、一生懸命《いっしょうけんめい》、そこを突《つ》いてきましたけどね。「人の名前を使って商売していいんですか」って。私たちは、「あれ？　それはおたくじゃないんですか」と言ったんですよ（会場笑）。

齋藤十一　おたくだろうがあ。

里村　おたくですって（会場笑）。

齋藤十一　おまえたちだろうがあ。

里村　いいえ、「週刊新潮」です。

齋藤十一　週刊誌というのは、正しい真実を、普通《ふつう》は隠《かく》すだろう？　その裏側をキチッと届けるのがマスコミの本来のあるべき姿だ。

小林　目次を見て、有名人を使っていない記事など、一本でもありますか。

齋藤十一　ん？

小林　ないでしょう？

齋藤十一　もちろん、有名人を使ってやってるよ、そりゃあ。

小林　うん、だから……。

齋藤十一　やってるけど、ただ、裏にある、知られていない真実を伝えてるんだよ。

小林　〝真実〟ね（笑）。

里村　しかし、あなたは本物ですよね。「俺《おれ》は本物だ」と主張する齋藤十一

齋藤十一　何が？　本物だよ。

里村　齋藤十一さんですよね。

齋藤十一　当たり前だ。

里村　偽物《にせもの》ですか。

齋藤十一　偽物はおまえたちだろうが。

里村　あなたは本物だと？　では、この霊言《れいげん》はインチキではないですよね。

齋藤十一　インチキじゃないというか、俺《おれ》は、俺様だよ。

里村　「俺は、俺様」ですものね。

齋藤十一　ああ。

里村　私たちは、その「俺様」の話を聞いているわけですから、インチキではないですよね。

齋藤十一　ちょっと、おまえたち、うるさいよ！　俺は、下から伺《うかが》いを立てられて指導する立場であって、こんな〝公開裁判〟のような所で、おまえたちごときに質問されて答えなきゃいけない義務もなければ、そんな立場でもないんだよ。

小林　その「答える義務がある」というところを、あなたはまだ理解していないんですよ。

つまり、これだけの影響《えいきょう》があって、大臣のクビも切り、その上、部数自慢《じまん》までしていたでしょう? そういう影響力を発揮している人が、いつまでも、ゴキブリのように陰《かげ》にコソコソ隠れて、自分の考え方やスタンスを言わないのは、もう許されないんです。

齋藤十一　だから、スタンスを言ってるじゃないか。

小林　うん。

齋藤十一　「週刊新潮」は正しいネタを出してる。

週刊誌では不可能な「幸福の科学の取材手法」への嫉妬《しっと》

大川隆法　今日、少し気になったのは、まあ、当会も、生きている人の守護霊《しゅごれい》のところに入って、「潜入捜査《せんにゅうそうさ》」のようなことをし始めましたが、この手法は、本当なら、週刊誌がやりたいことだけど、やれない手法ですよね。

例えば、今週の「週刊新潮」では、当会の記事も小さく載《の》っているけれども、トップ記事になっているのは雅子妃《まさこひ》です。イギリスのキャサリン妃が王子誕生でフィーバーしているなか、「圧倒的人気《あっとう》『英王室』に雅子さまの焦燥《しょうそう》」という内容の記事ですが、これは、取材しているわけがないので、推測だけですよね。「雅子妃は、たぶん焦燥しているだろう」ということをguess《ゲス》（推測）して書いているだけですが、本当は、当会の守護霊霊言のようにして、雅子妃の本心が取れたら、それが取材になるわけですよね。

つまり、あなたがたが本当は取材をしたいが憶測《おくそく》で終わっているところに対して、当会が、憶測ではなく、直接取材している手法に、ある意味で嫉妬《しっと》しているのではないですか。

齋藤十一　それはそうですよ。だって、皇室とかイギリスの王室とかに直接取材なんかできるわけがないじゃないですか。

大川隆法　うん。

齋藤十一　だから、憶測もそうだけど、ちょっとでも関係のある人間にちょこっと訊《き》いて、「そうだろうな」ということを書いているんだよ。

里村　しかし、それを幸福の科学ができることが、やはり悔《くや》しい？

齋藤十一　何が？

里村　直接取材ができてしまうことが悔しいんですね。

齋藤十一　そんなルートは、世の中で認められていないだろう？

里村　ええ。

齋藤十一　おまえたちが使ってる方法は〝違法《いほう》〟なんだよ（会場笑）。

里村　新潮社に〝違法〟と言われる筋合いは……。

齋藤十一　ペテンだよ。

小林　それを言ったら、あなた自身が「違法な存在」になってしまいますよ。

大川隆法の「能力」は認めている齋藤十一

齋藤十一　何言ってんだ？　俺たちは、みなさんが、「そうだろうなあ」と思ってることを書いてあげるから……。よく聞けよ。要は、ここが、おまえたちが勝てない理由だ。

里村　お！

齋藤十一　みんなが、そう思ってることを書くから、「なるほど、新潮はいいところを突いてくるな」ということで雑誌が売れるわけだ。おまえたちは、みんなが知りもしない特殊《とくしゅ》な技《わざ》を編み出し、総裁の能力に頼《たよ》って、なんか言ってるけど、みんな、そうは思って……。

小林　では、総裁のその能力は認めているわけですね。

齋藤十一　みんな、そういうことは知らないから、「信じられない」ということで、見ない。だから、部数が出ないんだよ。分かった？

小林　要するに、総裁の能力は認めたわけですね。

齋藤十一　今、おまえたちに、もう三年来の付き合いだから教えてやったんだよ。なぜ、新潮社は繁栄《はんえい》するか。なぜ、幸福の科学出版の本は売れないか。分かった？

社長の〝手裏剣《しゅりけん》〟が当たらないことにイラついている

大川隆法　最近、社長の〝手裏剣《しゅりけん》〟があまり当たらないのでしょう、きっと。

里村　ああ、そうですねえ。

大川隆法　腕《うで》がなまって、あまり当たらないんですよ。

小林　ああ、それでイライラして、焦《あせ》っているんですね。

齋藤十一　（舌打ち）そうだよ。

小林　ああ……。

齋藤十一　もう、トロい。

小林　佐藤隆信《さとうたかのぶ》さんは、あなたから見ると、ちょっとトロい？

齋藤十一　というか、まあ、二代目、三代目って、あんなもんだろう。

小林　うーん。

齋藤十一　だから、実際に芸術誌をつくり、「週刊新潮」をつくったこの私が、今、やっぱり経営の中枢《ちゅうすう》にいないと、あの人はもたないのよ。

里村　例えば、今……。

齋藤十一　週刊誌の草分けなんだよ。そのおかげで、どれだけ、今、サラリーマンがスーッとしてるか。

里村　うん。ちょっと待ってください。ちょっと聞いてくださいよ。

齋藤十一　何だ？　おまえ、もう、変なやつだなあ。

保守系の「週刊新潮《しんちょう》」が「河野《こうの》談話」「村山《むらやま》談話」を認める?

里村　例えば、今日(八月一日)、読売新聞が、「『河野《こうの》談話』を見直すべき」という内容の社説を組みました。

齋藤十一　うーん?

里村　ご存じのように、つい最近、「河野談話」や「村山《むらやま》談話」について検証し、新しい「大川談話」を発表した霊言が出たばかりなんです(『「河野談話」「村山談話」を斬《き》る!』〔幸福の科学出版刊〕参照)。

齋藤十一　ふーん。

里村　こういうかたちで、どんどん影響が出ていることが、やはり、そうとう気に食わないのでしょうか。

齋藤十一　な、何言ってんだよ。「河野談話」とか、「村山談話」とか、まあ、あのときは、俺もまだ〝あれ〟だったけど……。

里村　ええ。生きていらっしゃいました。

齋藤十一　元気だったけど、要はね、国の総理や副総理が、公式の場で認めたんだろう？　確か。そうじゃなかったっけ？

里村　まあ、談話というかたちですから。

齋藤十一　それは真実なんだ。

里村　え？

齋藤十一　公式の場で、総理や副総理が認めたんだから、真実だろうが。

里村　ちょっと待ってください。「週刊新潮《しんちょう》」の方が認めるんですか。

齋藤十一　何が？

渡邊　あなたは、保守の考え方ではないのですか。

齋藤十一　保守？　保守っていうのは、そんな……。

渡邊　自虐《じぎゃく》史観が中心にある？

齋藤十一　保守とか、そういうことじゃないんだよ。

渡邊　売れればいい？

齋藤十一　いや、たくさんの方が「そうだ」と思えば、そういう記事を書くんだよ。

業界で噂《うわさ》になっている幸福の科学の「特殊《とくしゅ》なルート」

小林　先ほどの「嫉妬」の話に戻《もど》りますが、昨日の産経新聞では、安倍《あべ》首相が……。

齋藤十一　もう、最近は新聞を読んでない！

大川隆法　（笑）

小林　「総理公邸《こうてい》には幽霊《ゆうれい》がいるようなので、私は住みたくないのですが、一緒《いっしょ》に住みたい人はいませんか」と、みんなの前で話をしたことが報道されました。

齋藤十一　何を言ってるんだ？

小林　その記事を読んだ人は、「ああ、大川隆法総裁の、あの霊言か」と、みんなピーンときたわけですよ（『首相公邸の幽霊」の正体』〔幸福の科学出版刊〕参照）。

齋藤十一　こないよ。

小林　この真実性、この手法の斬新《ざんしん》さに対して、結局、嫉妬しているんですよね、今のお話だと。悔しいですか。

齋藤十一　何が？

小林　そんなことを安倍首相に訊けないから。

大川隆法　その前も、産経新聞のコラムで、社民党を、「そして誰《だれ》もいなくなった党」などと書いていて、まるで、「幸福の科学の本の引用はできないけれども、読んだほうがいいですよ、面白《おもしろ》いですよ」と勧《すす》めているような感じでしたね（『そして誰もいなくなった――公開霊言 社民党 福島瑞穂《ふくしまみずほ》党首へのレクイエム――』〔幸福の科学出版刊〕参照）。

里村　はい、そのものずばりでした。

大川隆法　ええ。

小林　そこで、ずばり訊きますけれども、今、新潮社の社員や記者たちは、「あの霊言はすごいな」と、実は、いろいろな人から言われているのではないですか。

大川隆法　もしかしたら、藤倉《ふじくら》氏ではなくて、こちらのほうに、「霊言を録《と》ってくれ」と、本当は依頼《いらい》したいのではないですか。

齋藤十一　おまえたちがやってる方法は、どうも、なんかインチキくさいけど、「何か特殊《とくしゅ》なルートがあるらしい」と、この業界で噂《うわさ》になってるのは事実だよ。

大川隆法　ああ、刺激《しげき》しているのですね。

齋藤十一　俺たちは、〝正攻法《せいこうほう》〟で、キチッと、人と人とが会って取材をしているのに、どうも……。

小林　（笑）ちょっと、あなた、よく言いますね。まあ、今はいいです。これはあとに回します。

里村　その〝正攻法〟がどのようなものであるかは、あとでまた訊きたいと思います。

齋藤十一　そうよ。〝正攻法〟でやってるのに、おまえたちは、なんか、人には会ってないし、絶対、そんなことは言っていないのに、「本当は、そう思っていた」みたいなことを、ずばり文字にしてくるだろう？

小林　しかも、当たっていますからね。

他人が読むと「当たっている」と分かる守護霊霊言《しゅごれいれいげん》

齋藤十一　いやあ、でもね、おまえたちは「当たってる」と思ってるかもしれないけど、そんなことを誰にも公表してないから、世間《せけん》には分からないんだよ。

小林　しかし、安倍さんも「当たっている」と言っていましたよ。それから、産経のコラムニストも言っていました。

齋藤十一　うーん？

大川隆法　本人は、「これが、あなたの本心です」と言われると、けっこうショックを受けるようで、頭にバケツをかぶせられて殴《なぐ》られたようにガーンときて、しばらく理解不能でグラグラになるのですが、他人が読むと、「当たっている」というのが分かるんですよ。

齋藤十一　でも、本心は、本人にしか分からないんだから、結局、ほかの人には分からないでしょう？　だけども、周りの人が「そうだ」と思っていることを記事にしたら売れるじゃないか。

里村　うんうん。

齋藤十一　結局、マスコミってのは、多くの方に見てもらわなければ成り立たないんだよ、経営だって。

本当は幸福の科学と業務提携《ていけい》して「代理取材」をしてほしい？

小林　結局、「当会と業務提携《ていけい》をしたい」ということなんですか。

齋藤十一　何が？

小林　当会に代理取材をしてほしいわけですか。

齋藤十一　業務提携？　とんでもないよ。おまえらのところはなあ、本当にねえ、もう、〝反則技〟を使いまくってるじゃん、どうせ……。

大川隆法　あなたがたから見れば反則かもしれないですね。しかし、あなたも霊なのだから、自分で取材して、それを編集長にインスピレーションで伝えたらいいではないですか。そうしたら、同じことができますよ。

齋藤十一　俺は、偉《えら》すぎて、誰にも会うわけにいかないんだよ。

里村　誰にも会えないかたちになっているんですね。

大川隆法　うーん。指導しているんですね。

齋藤十一　ときどき伺いを立ててくるから、教えてやっている。そういう立場の俺様が、わざわざ汗《あせ》をかいて、人に会いに行くとか、そんなことをするか！

里村　人に会いに行けない場所なのかもしれませんけどね。

大川隆法　（笑）（会場笑）

齋藤十一　何が？

大川隆法　もしかすると、外国の〝有名な人〟と近い所にいるかもしれないですしね。

齋藤十一　体調はあまりよくないよ、年だからな。

小林　体調はよくないんですね。

齋藤十一　だけど、俺は創業者以上に尊敬されておるから、「どうしたらいいでしょうか。どうしたら部数が伸《の》びるでしょうか」って若造の編集長が訊いてきたら、まあ、いちおう、ネタをやってるわけだよ。

記事に「お金の話」が多いのは金欠だから

大川隆法　記事を見るかぎり、お金の話が多かったから、やはり、そうとう金欠であることは間違《まちが》いないですね。

小林　はい。そうとう金欠なのは間違いないと思います。

齋藤十一　当たり前だろう？　経営には金が要《い》るだろうが。

大川隆法　記事の回数から見て、そうとう売れていないんですよ。

齋藤十一　お金がなきゃ、経営はできないだろうが。

小林　ああ。

齋藤十一　部数をどんどん伸ばさないと、結局、売れないと、経営は成り立たない。

大川隆法　当会が本を出しまくり、選挙に負けても立候補し続けるので……。

齋藤十一　ほんとバカだぜ。バカじゃない？

大川隆法　そのお金が欲《ほ》しくて、「こちらに寄付しろ！」と言いたいのでしょう。

齋藤十一　そうそうそうそう。

大川隆法　ああ、そうなんですね。

齋藤十一　ほんとに、あのー、うちに寄付しなさいよ。

大川隆法　（笑）（会場笑）

齋藤十一　そうしたら、もうちょっと、まともな記事を書いてやるよ。

記事を逆手《さかて》に取った『大川隆法の守護霊霊言《しゅごれいれいげん》』に驚《おどろ》く

小林　いや、まともな人やテーマを対象にし、「幸福の科学を通じて取材してください」と言うのなら、考えてもいいですよ。われわれから見ても「いい記事だ」と思うぐらい、〝宗旨《しゅうし》〟を改めて改心すれば、一部、業務提携を考えてあげてもいいですよ。

齋藤十一　うーん？

大川隆法　この前の「『大川隆法の守護霊霊言《しゅごれいれいげん》』を出せ！」という記事も、「本当は自分たちが取材したいのだけど、させてくれないだろうから、代わりにやってくれ」という趣旨《しゅし》に感じましたけれどもね。

齋藤十一　はっきり言って、こっちは、半分ジョークで「やってみろ」って言ったのに、まさかねえ、若い編集長がそのまま記事に書いて、あんたらが真に受けて、そのままやるとは、確かに、びっくりしたよ。

大川隆法　それについての記事がないのは不思議でしたね。

里村　ええ。

大川隆法　まことに不思議でしたよね。

小林　不思議でしたね。

齋藤十一　こっちが、ほとんど冗談《じょうだん》で、「やれるものならやってみろ」っていう感じで言ったら、本当にやって……。

里村　私の知り合いの出版界の方も、「あれは見事だった」と言っていました。「新潮」の記事を見事に逆手《さかて》にとって……。

齋藤十一　「『新潮』の記事が見事だ」と言ったんだろう？　「何という、いい切り返しか」と。

里村　いやいや、「記事を逆手に取って、それを打ち返すのはすごい」と言っていました。

齋藤十一　いいか。マスコミ人というのは、結局、切り返しなんだよ。

里村 ええ。

齋藤十一 おまえたちも、宗教のなかでは口が立つほうなのかもしれないけども、要は、週刊誌は、「切り返し力」なんだ。なあ?

里村 だから、今回、こちらが切り返したのです。

齋藤十一 こっちが切り返してやったんだよ。それをまた上手に使ってくるって、おまえたち、いったい何なんだ?(会場笑)マスコミになりたいのか。

大川隆法 いや、当会もマスコミのような……。

齋藤十一　マスコミになりたいんですか。

大川隆法　マスコミを研究しているうちに、だんだん体質が少し似てきたんですよ。

齋藤十一　「マスコミになる」っていう、そんな野望を宗教団体が持ってるのか。

小林　（笑）

齋藤十一　やっぱり、潰《つぶ》さにゃいかん（会場笑）。

4　ＰＬ教団への思い入れ

「人生は芸術」とＰＬ教団で教わった

小林　宗教というのは、もともとマスメディアのようなところもあります。ＰＲ、つまり「プロパガンダ」というのは、宗教用語が語源なんですよ。

齋藤十一　ああ？　そんなの誰《だれ》が言ったの？

小林　いやいや、だから……。

齋藤十一　言っとくけどなあ、俺《おれ》だって信仰《しんこう》は持ってるんだぜ。

小林　では、その話に行きましょうか。

齋藤十一　何が？

渡邊　どんな信仰をお持ちなのですか。

齋藤十一　素晴《すば》らしい信仰を持ってるんだよ。

小林　若いころ、鬱《うつ》になったのですか。

齋藤十一　ん？

小林　お父さんに救い出してもらったときのことです。

齋藤十一　いや、父親が入ってる教団で、ちょっと学んでいたんだよ。

小林　助け出してもらって、記録によれば、そのあと、自分もお父さんと同じ信仰を持ったわけですよね。それはＰＬ教団ですね。

齋藤十一　あ、よく知ってるじゃないか。

小林　ええ。

齋藤十一　関西だよ。

小林　はい。

渡邊　芸術ですね。

齋藤十一　そうよ。芸術なの。「人生は芸術」と教えられたんだよ。

　　「花火大会はＰＬのまねだ！」という言いがかり

小林　今の感じですと、けっこう学んでいますね。

齋藤十一　学んでるよ。

大川隆法　言葉を換《か》えれば、「人生は遊び」なんですよね。

齋藤十一　そうそう。言ってやろう、言ってやろう。

里村　ほお。

齋藤十一　俺たちは、富田林《とんだばやし》で、ＰＬの塔《とう》を建てて、ちょうど今月か？　分からないけど、関西では有名な花火大会をやるんだ。

おまえたちも、まねしただろう？

小林　してないですよ（笑）。

里村　まねはしていません。

大川隆法　（苦笑）まあ、花火大会自体はやりますよ。

齋藤十一　うちの編集長が使ってる、チンピラ・フリー記者が……。

小林　チンピラ……（笑）。

齋藤十一　ちゃんと取材してきたぞ。「何か、まねしてますよ」と、俺に、ちゃーんと編集経由で報告してきたわ。

大川隆法　花火大会は、那須《なす》と鳴門《なると》でやっていますよ。

齋藤十一　「どうすればＰＬ教団になれるか」ということを、おまえらも研究して、「まず、あのレベルになりたい」ということで、地域の人を花火で喜ばせようとしたんだろう？

大川隆法　いや、ＰＬはまったく意識していなかったもので、すみません（笑）（会場笑）。

齋藤十一　もう、ほんとにねえ。

渡邊　規模が、全然、こちらのほうが大きいんです。

齋藤十一　おまえたちこそ嫉妬《しっと》の塊《かたまり》か？

大川隆法　もうＰＬに入る人はいないでしょう。霊《れい》になった今も「神聖なるＰＬ教団」と呼ぶ

齋藤十一　神聖なるＰＬ教団のまねをするんじゃないよ。

里村　神聖……。

小林　ちょっと、いいですか。

齋藤十一　ああ？

小林　今でも「神聖なるＰＬ教団」と思っていらっしゃるのですか。

齋藤十一　ん？　今でも？

小林　ええ。霊《れい》になっているあなたが、今、「神聖なる教団」とおっしゃったので。

齋藤十一　まあ、学生その他、若いころは、ちょっと、そこまでやったけど、新潮社《しんちょうしゃ》で働いて、経営すると、「やっぱり、世の中は金だ。金が正義だ」と分かった。まあ、信仰もなくはないけど、要は、この世で勝たなきゃ駄目《だめ》なんだよ。

ゴルフ場をまるごと買い、ゴルフに興じていたＰＬの教祖

大川隆法　確か、あそこの教祖さんではなかったでしょうか。ゴルフが好きで、ゴルフ場をまるごと買い……。

小林　そうですね。

大川隆法　「そのうち建物が要《い》るようになるだろうから、順番に建てていくけれども、それまでの間《あいだ》、わしがゴルフ場を使う」と言って、ゴルフをしまくっていたのは、ＰＬの教祖さんだったのではありませんか。

小林　まさにそのとおりです。

大川隆法　当会よりも、よほど激しく、週刊誌ネタになるようなことをやっているではないですか。

齋藤十一　俺も、取材で聞いたんだけど、おまえたちだって、那須でゴルフ場を買ったって噂《うわさ》だぜ？　そうじゃないのか。事実だろう？　同じじゃないか。

小林　目的と趣旨《しゅし》が全然違《ちが》いますよ（注。用地取得後、二〇〇四年に「総本山・那須精舎《しょうじゃ》」を開き、二〇一〇年には、「幸福の科学学園中学校・高等学校」を開校した）。

齋藤十一　とにかく、ＰＬ教団にミートするんじゃないよ。ほんっとに。

小林　これは、文字に残るので言っておきますが、いいかげんにしてくださいよ。
ＰＬの歴史と、当会の総本山・那須精舎の歴史とを年数単位で比較《ひかく》したら、すぐに証明できることですから。

齋藤十一　自分たちの教線を伸《の》ばしたいからって、ＰＬ教団のまねしようなんてねえ、ほんと百年早いわ。

「ＰＬの教祖の霊界《れいかい》での居場所」を知っている齋藤十一

小林　けっこうＰＬ教団に思い入れがあるのですね。

大川隆法　ああ、学校もありますしね。なるほど。

齋藤十一　何言ってんだよ。佐藤《さとう》社長と知り合えたのは、ＰＬのおかげなんです。そこだけは、恩を感じてるよ。

小林　いや、でも、かなりＰＬに思い入れがありますね。

齋藤十一　あるよ。俺にだって芸術心はあるよ、今でもな。ただ、やっぱり、社会に出たら考えが変わったんだよ。

大川隆法　せっかくだから、あそこの教祖がどこに行ったか、取材すべきですよ。

小林　そうですね。

里村　どうなのですか。

齋藤十一　ん？

大川隆法　どうせ近くにいるのでしょうから、取材したらいい……。

齋藤十一　取材する必要はないよ。知ってるから。

「公開霊言《れいげん》」の磁場《じば》のなかに新潮社《しんちょう》の社員は入れるのか

齋藤十一　おまえたちは、なんか、フリーメイソン（ヨーロッパの秘密結社的団体）

みたいに、コソコソコソコソ……。

大川隆法　フリーメイソン（笑）。ああ、そうですか。

齋藤十一　なんか、ここ（総合本部）とか、社会から隔絶《かくぜつ》されたところで、秘密裡《り》に霊言《れいげん》をコソコソ録《と》って、いきなり出版してくるから、はっきり言って迷惑《めいわく》なんだよ。

大川隆法　うーん。

渡邊　今回の取材で、「週刊新潮《しんちょう》」は、「公開霊言」という言葉を外そうとしていたのですが、要は、「密《ひそ》かに隠《かく》れてやっている」という感じで見ているわけですか。

齋藤十一　どこが「公開」なんだ？

渡邊　公開しているではないですか。

齋藤十一　ここに一般《いっぱん》の人がいるの？

おまえたち、俺の考えを、「そのとおりだ」って思ってるか。なんかさあ、俺たちが罪人《ざいにん》だっていう感じの波動を感じるよ。

大川隆法　ああ、新潮社の社長や社員が入っていませんからね。

齋藤十一　そうそう。新潮の社員を入れてみろよ。みんなが、「そんなの、ありえない」って言う磁場《じば》でやってみろよ。そうしたら信じてやるよ。

里村　でも、この磁場のなかには、たぶん、入ってこれないですよ。

齋藤十一　何が？

大川隆法　入ってきたら、たぶん、泡《あわ》を吹《ふ》いて倒《たお》れますよ。

里村　はい。入ってこられないと思います。

齋藤十一　ほんとにもう。それ、信じてないもん。

里村　今回、「週刊新潮」は、「公開収録」という言葉にものすごく反発して、嫌《いや》がっていました。

小林　異様なこだわりがありましたね。

齋藤十一　総裁が自作自演してるんだよ。

里村　おそらく、「閉鎖《へいさ》された密室のなかでやっている」ということにして……。

齋藤十一　やってるじゃん。

里村　一生懸命《いっしょうけんめい》、カルト性を出そうとしている感じです。

齋藤十一　カルト性を出してるじゃないか。

小林　そのわりには、あなたは今、総裁と違う肉体に入って話していますよね。

齋藤十一　うーん？

小林　自作自演も何も……。

齋藤十一　何が？

小林　あなたは今、総裁と違う肉体に入って話しているわけでしょう？

齋藤十一　俺は生きてるし、今でも指導してる。俺は俺なんだ。

小林　うんうんうん。

渡邊　（笑）生きている人が、なぜ、ここにいるのですか。

齋藤十一　何が？

渡邊　齋藤十一さんは、なぜ、ここにいるのですか。

齋藤十一　何のことよ。

渡邊　あなたは体が弱くなっているのでしょう?　それなのに、なぜ、今、ここにいるのですか。

大川隆法　（笑）

渡邊　新潮社ではなく、なぜ、幸福の科学に来ているのですか。

齋藤十一　いや、なんか、（額《ひたい》のあたりを指して）このへんをグッといきなりつかまれて……。おまえたちは「誘拐犯《ゆうかいはん》」か（会場笑）。

里村　いやいや、そんなことはしませんよ。

齋藤十一　俺がベッドに横たわってたら、ギュッと引きずり出してきて……。

小林　いや、〝召喚状《しょうかん》〟が行っただけですよ。

大川隆法　（笑）

「幸福の科学はＰＬ教団をまねしている」という見方

小林　ＰＬの話に戻《もど》しますけれども、どうも、けっこうこだわりがあるようで、多少、ＰＬの視点から、当会に関していろいろ書いているところを見ても、宗教的にいろいろ複雑な思いがあるわけですね。

齋藤十一　宗教的な？

小林　ええ。はっきり言えば嫉妬でしょう。

齋藤十一　とにかく、おまえたちが、人の教団をまねするところが許せないんだよ。

小林　まねをしているように見えているのですね。

齋藤十一　ああ。政党までつくっただろう？　ありえん。

里村　ＰＬは政党をつくっていませんよ。

大川隆法　でも、ＰＬ自体は、やはり、金銭《きんせん》欲とか、名誉《めいよ》欲とか、まあ、色欲《しきよく》のほうは、どのくらいか、ちょっと分かりませんが、そういう、この世的な欲望がけっこうある教団なのではありませんか。

小林　そうですね。

齋藤十一　とにかく、関西では有名なＰＬ学園という学校があって、そこが甲子園《こうしえん》の常連なのよ、分かる？

大川隆法　学校がありますね。

齋藤十一　おまえたちは、野球では無理だから、なんか、「チアダンスで世界まで行った」とか言って（注。幸福の科学学園 中学チアダンス部は、二〇一三年の世界大会で準優勝した）、「スポーツで有名になろう」なんていう考え方は、まったく同じじゃないか。

里村　いや、そんなことはありません。結果が……。

齋藤十一　だから、まねしてるんだ、おまえらは。

里村　別に、有名になりたいわけではないんですよ。

大川隆法　（笑）記事に書いてくださいよ。

齋藤十一　ＰＬでやってきたことを、時系列で、あとからチェイス（追いかける）するように、おまえらはやっとるだろうが。

大川隆法　（苦笑）まねしている気はないんですけれどもね。

齋藤十一　もう、ほんっとに、せこいわ、この教団は。関西ではなあ、甲子園に出れば、もうそれだけで、とにかく全国から来るんだよ。

大川隆法　ああ。あれでＰＲをして、広告費を安くしたかったのですね。

小林　そうですね。

齋藤十一　関西では、「ＰＬに行けば、もう甲子園間違いなし！」ということだ。

小林　分かりました。

齋藤十一　おまえたちのところに行ったって、将来どうなるの？　かわいそう。

霊能力《れいのうりょく》のないＰＬ教団からは幸福の科学が怪《あや》しく見える

小林　要するに、「宗教というのは、ＰＬのようなものだ」という色眼鏡《いろめがね》で見ていたので、あのように書いたわけですね。

齋藤十一　そう！　そうよ。

小林　その事実関係は、非常によく分かりました。

大川隆法　それなのに、「霊能力《れいのうりょく》を使った秘密の儀式《ぎしき》をやっているところが怪《あや》しい」と言っているわけですね。

齋藤十一　怪しいよ。ストゥーパ（仏塔《ぶっとう》）とか言って、あんな建物を立てて。ＰＬの塔（大平和祈念《きねん》塔）と同じじゃないか。

小林　はっきり言って、ＰＬには霊的能力がありませんからね。

齋藤十一　ええ？

小林　幸福の科学とは全然違うのですが、ＰＬには霊的能力がないので、幸福の科学が理解できないんですよ。

変わったかたちをしたＰＬの塔《とう》は「芸術」なのか

齋藤十一　何を言ってるんだ。ＰＬは、芸術が素晴らしいんだよ。俺は、もともと芸術家なんだ。

大川隆法　しかし、私には、あの蟻《あり》の巣のような塔《とう》が、地獄《じごく》の建物のように見えてしかたがないんですよ。

里村　ええ。

小林　ちょっと気持ちが悪いです。

齋藤十一　あれは、天に通ずるような、そういうイメージなんですよ。

大川隆法　穴がたくさん開いていて、なんだか、ぐにゃぐにゃしていますよね。

里村　ええ。

渡邊　あれは、確か、教祖が自分で形をつくったと聞いています。

里村　そうですね。イメージを……。

齋藤十一　そうだ！　あの芸術性が、おまえたちに分かる？　おまえたちのストゥーパこそ、タイとか、あのあたりにあるものをパクってるだけだろうが。

里村　パクってはいません。

齋藤十一　もう、次のタイトル決めた！　「パクリ教団・幸福の科学」！

里村　（笑）そんな一方的な見方で、パクリなどと言わないでください。それは大変な間違いですよ。

齋藤十一　まあ、政党だってさあ、要は、S学会のまねだろう？

里村　まねではありませんよ。

齋藤十一　何が？　最近、S学会を叩《たた》いてもつまんないから、おまえたちのほうに、今、注目してるんだよ。

小林　ちょっと、また微妙《びみょう》に話題をすり替《か》えてきましたね。

「週刊新潮《しんちょう》」が「霊言《れいげん》」に執着《しゅうちゃく》する霊的真相

小林　ＰＬの件は、これで最後にしたいので、はっきり訊《き》きますが、結局、ＰＬの視点で幸福の科学を見ていたわけですね。

齋藤十一　そうよ。許せないね！

小林　いずれにしても、「宗教というのは、ＰＬのようなものだ」という視点で、ああいう記事を書いていたわけですよね。

齋藤十一　そう。それなのに、俺たちが知りもしない手法を使って、あちこちに、まあ数は知れてるけど、ミート戦略っていうか、ニッチ領域のトップ層や、思想を出してる人間に当たるように、一個ずつ当ててくる感じがしたんだよ。ま、部数は伸びないけどな。

大川隆法　ああ。

齋藤十一　ちょっと危険な感じがしたんだ。「これはいかん」と。

大川隆法　まあ、ＰＬの教祖は、この世的に見て豪快《ごうかい》な方ですからね。この世的に、分かりやすい行動をしていましたが、しかし、「奥《おく》」がないのです。

齋藤十一　とにかく、おまえたちが、これ以上教線を伸ばすことは許さない。

大川隆法　うーん。

渡邊　「新潮《しんちょう》」の記事を見ると、毎回、必ず霊言集《れいげんしゅう》を取り上げています。

齋藤十一　そうだよ。ありがたく思え。

渡邊　「酒井《さかい》編集長が、なぜ、ここまで『霊言』に執着《しゅうちゃく》するのだろう」と思っていたのですが、実は、執着していたのは齋藤十一さんで、要するに、宗教の秘儀や霊的なことが分からないからなんですね。

齋藤十一　いや、あいつは執着なんかしていない。霊的なことは何も分かってないよ。俺様は、ＰＬ教団にいたから分かるんだよ。分かる？

大川隆法　戦後は、ライバルが多かったのではないでしょうか。ほかの霊能系の教団も多かったですからね。

齋藤十一　そうなんだ。

小林　そうですね。

大川隆法　それで戦っていたのではないですか。

5 幸福の科学の「霊言《れいげん》」への驚《おどろ》き

「あらゆる霊《れい》を招霊《しょうれい》できること」を不思議がる

齋藤十一 （質問者に）ちょっと、ちょっと、逆に、質問させてくれ。なんで、あれだけたくさんの霊人《れいじん》を呼べるんだ？

里村 それが能力ですよ。

齋藤十一 いや、ありえない！

小林 いやいや。それが、「仏陀《ぶっだ》の証明」なんです。

齋藤十一 ありえない。普通《ふつう》は……。

小林 もう少し、仏教などの宗教を勉強してください。

齋藤十一 何か縁《えん》がある人や、会ったことがある人なら分かるよ。それは、うちでもやれる。だけど、おまえたちのところは、とんでもない偉《えら》い方から、（ビート）たけしみたいな、この世的な人間（守護霊《しゅごれい》）まで、誰《だれ》でも引っ張ってこれる（『ビートたけしが幸福実現党に挑戦状《ちょうせんじょう》』〔幸福実現党刊〕参照）。それって、なんなんだ!?

小林 それは、「天人師《てんにんし》（如来《にょらい》の称号《しょうごう》の一つ）」だからです。地上の人間も、天上界《てんじょうかい》や地獄《じごく》界の、いろいろな霊存在も、全部、呼んでこられる権威《けんい》があるんですよ。

齋藤十一 そんなこと、誰が信じるか。

小林　現に、〝召喚状《しょうかん》〟が出て、あなたは頭をつかまれ、ここまで連れてこられたわけでしょう？

齋藤十一　ん？

小林　あなたは、ここに来ることに抗《あらが》えなかったわけでしょう？

齋藤十一　いや、俺《おれ》は来たくなかったんだけど、いきなり連れてこられた。つまり、〝拉致《らち》〟されたんだ。おまえたち、犯罪者か！

小林　（苦笑）いやいや。「拉致」と見るか、「召喚」と見るかは別として……。

齋藤十一　（聴聞者《ちょうもん》に向かって）ちょっと、一一〇番《ひゃくとお》してくれ（会場笑）。

小林　（笑）

齋藤十一　俺は、もう〝病院〟に帰る。

小林　要するに、それは認めるわけですね？

齋藤十一　ああ？　「認める」って、おまえたち、〝誘拐《ゆうかい》〟を合法化するなよ。

小林　あなたも、ここには来ざるをえなかった。これが、「仏の権威」というものなんですよ。

齋藤十一　何が権威だよ。

とにかく、権威か何か知らないけど、確かに、正直に言うと、不思議なのは不思議なんだ。なんで、あんなに、いろんな人間を、たくさん同時に連続して呼んでこれるのか。そして、なんで、本心を言っちゃうのか（注。公開霊言シリーズでは、三年半で約二百冊を刊行し、登場する霊人は二百数十人に上《のぼ》っている）。

里村　うんうん。

霊言《れいげん》をインチキだと証明できなかった「週刊新潮《しんちょう》」

齋藤十一　でも、幸いなことに、ほとんどの人は信じてないから、いいけどね。これを、多くの人が信じるようになってきたら、大変なことになるじゃないか！

小林　（笑）（会場笑）

里村　大変なことが、今、起きてきているんですよ。

齋藤十一　大変な営業妨害《ぼうがい》だ！

里村　いやいや。

齋藤十一　うちらは、地上で、記者が汗水垂《あせみずた》らして取材して、記事を書いてるのに、おまえたちは、こんな涼《すず》しいところで、パーンッて呼んできて、パーンッて（会場笑）、一週間ぐらいで本ができちゃう。なんだ！　もう、そんなの許せないよ！　そんな卑《ひ》怯《きょう》な方法は許せない。

大川隆法　あなたがたは、霊言《れいげん》をインチキだと暴《あば》けていませんよね？　「週刊こどもニュース」のお父さん役をしていた……、あの人は、誰だったでしょうか。

小林　池上《いけがみ》さんです。

大川隆法　ああ。池上彰《あきら》さんが、「私がＮＨＫを辞《や》めたのは、五十四歳《さい》だったのに、

『池上彰の政界万華鏡《まんげきょう》』には、五十五歳と書いてある。守護霊ならば間違《まちが》えるはずがない」などと言っていますが、昔の人だったら、「数え年」で言えば、五十五歳か五十六歳ですよね。

里村　そうですね。

大川隆法　何の問題もありません。それだけしか言えず、あとは、何も言えていないではないですか。だから、あんなものは批判になっていません。

齋藤十一　池上彰さんはなあ、酒井《さかい》が「使えないやつだ」と言ってたよ（会場笑）。なんだか、「ほぼ認めた」とか言ってたぞ。だから、あいつは駄目《だめ》だ！

里村　逆に言うと、池上彰さんは、非常に丹念《たんねん》に読まれたんですね。

大川隆法　そうとう読んでいるわけですね。

齋藤十一　「膳場《ぜんば》と池上は使えなかった」って言ってた。間接的に取材したらしいけどなあ。ほぼ受け入れるなんて（笑）、アホじゃないの？

小林　相手にしてもらえなかったのでしょう？

齋藤十一　そうやって、おまえたちの軍門に降《くだ》るやつが出てきてるから、俺は、ちょっとまずいと思ってるんだよ。

小林　ああ、なるほど。

大川隆法　たくさん献本《けんぽん》されて、〝大変〟でしょうね（笑）。

齋藤十一　（舌打ち）まだ、おまえたちのは、しょぼこい部数で、ほとんどの人は信じてないから、全然、大丈夫《だいじょうぶ》だけど、もう、これ以上やったら許さないよ。

小林　要するに、「営業妨害された」と思っているわけですね。「幸福の科学のような〝週刊誌的行為《こうい》〟をしたい」という本音

齋藤十一　当たり前だろう！

大川隆法　〝週刊誌的行為《こうい》〟を、本当はやりたいんですよね（笑）。

齋藤十一　食うか食われるか。読者は限られてる。

大川隆法　池上さんの守護霊霊言のように、本を売り出して、政治家に斬《き》り込《こ》んでい

るような人のスキャンダルみたいなものを、本当はやりたいのでしょう。

里村　はい。いちばんやりたいところだと思います。

大川隆法　週刊誌は、膳場さんあたりでも、やりたいでしょうね。当会のように、「それを、スポッと入ってやる」というのは、〝けしからん行為〟なのですね？

齋藤十一　教祖がおっしゃるとおりで、今、いちばんやりたいのは、「安藤美姫《あんどうみき》の旦那《だんな》」とかね。

大川隆法　ああ。

齋藤十一　やっぱり、そういうのを出したら、こりゃあ、翌週の「週刊新潮《しんちょう》」は、五十万部は超《こ》えるなあ。

里村　まあ、安藤美姫は、お任せしますよ（苦笑）。

齋藤十一　次は、お盆《ぼん》号で合併《がっぺい》号だから……。（質問者に）ちょっと、ちょっと。今度、「週刊新潮」の社員を、ここに全員呼ぶから（会場笑）、「安藤美姫（守護霊）の霊言」をしてよ。それで、うちだけの独占《どくせん》記事を書かせるから。そうしたら、攻撃《こうげき》は、ちょっと考えてやるよ。

大川隆法　アハハハハ。

小林　先ほどの、〝業務提携《ていけい》〟というのは、そちらの方向ではなくて、その逆の方向であれば……。

齋藤十一　ん？　うちの部数に協力する？

小林　そういう、六大煩悩《ぼんのう》をくすぐるような方向ではなくて、正しい方向であれば……。

齋藤十一　難しいことを言われても分からんわ。

小林　考える余地はあるのですが。

齋藤十一　あ！　あるのか？　よしよしよし。酒井に言っとくわ。

「週刊誌のメインマーケット」への当会の参入を嫌《いや》がる

小林　要するに、そこのところですよ。あなたは、「営業妨害だ」と嫉妬《しっと》しているわけだけれども……。

齋藤十一　嫉妬？　嫉妬をしてるのは、おまえであって、俺ではない！

里村　誰が嫉妬をしているというのですか？

齋藤十一　「ＰＬ教団のまねをしても大きくならん」って、おまえたちが嫉妬してるんじゃないか。

小林　はっきり言いますが、当会が、だんだん、テレビとか、新聞とか、大きなメディアのほうを相手にしてきていて、週刊誌が取り残されているから嫉妬しているのでしょう？

齋藤十一　ん？

小林　逆のことを言わないでくださいよ。

齋藤十一　何が？

小林　今、だんだん、大きなメディアとか、有名人とか、そちらにシフトしてきているから……。

齋藤十一　「そこには攻《せ》めてくるな」って言ってるんだよ。こないだやってた、誰も分かんない東大教授とか、そのへんをやってろよ！（注。坂本義和《さかもとよしかず》氏の守護霊や故・芦部《あしべ》信喜《のぶよし》氏、故・佐藤誠三郎《さとうせいざぶろう》氏、篠原一《しのはらはじめ》氏の守護霊の霊言が収録されている。『従軍《じゅうぐん》慰安婦《いあんふ》問題と南京大虐殺《ナンキンだいぎゃくさつ》は本当か？』『スピリチュアル政治学要論』（共に幸福の科学出版刊）、『憲法改正への異次元発想』『篠原一東大名誉《めいよ》教授「市民の政治学」その後』（共に幸福実現党刊）参照）

大川隆法　（苦笑）

齋藤十一　こっち側の芸能界には入ってくるな。ここは、週刊誌のメインマーケットなんだ。そこに入ってきたら、うちだけじゃなくて、おそらく、「文春《ぶんしゅん》」も、それから、「ポスト」も、たぶん、「現代」も、黙《だま》ってないと思うよ。

小林　私たちは、その〝泥水《どろみず》〟を、〝きれいな水〟に変えたいと思っているわけです。

齋藤十一　おまえらが〝泥水〟だろうが！

小林　だから、そちら側に入っていったわけです。

齋藤十一　ここまで価値観が反対だと、話にならんなあ（会場笑）。おまえらが泥水なんだよ。俺たちが、一生懸命《いっしょうけんめい》、この数十年かかってつくってやった芸能界の裏話を、おまえらに、「霊言」とかいう方法で、「実は、こうだった」みたいなことを書かれたら、「俺たちの努力は、いったい何だったんだ？」っていうことになるじゃないか。

小林　そうですよ。

齋藤十一　（笑）「そうですよ」って、おまえ、ほんと頭悪いんじゃない？（会場笑）何、開き直ってるんだよ！

小林　あなたも、仏陀の前での発言なので、言葉を選んだほうがいいと思うのですが、「ここまで価値観が正反対だったら、話になりません」という言葉を、最終責任者であるあなたが言うのは、新潮社にとっては、けっこう重たい発言になるので、そのへんをよく考えたほうがいいですよ。

「招霊《しょうれい》」を「誘拐《ゆうかい》」と誤解している齋藤十一

齋藤十一　仏陀か何だか知らないけど、とにかく、不思議なのは、「どんな霊人でも、瞬時《しゅんじ》に呼んでくる」ってことだ。それって、いったい、どういうふうにしたらできるのか……。

里村　今、経験されたでしょう？

齋藤十一　いや、俺は、〝誘拐《ゆうかい》〟されたんだって（会場笑）。

里村　（笑）

齋藤十一　早く〝病院〟に帰してくれよ。おまえらと話して、ちょっと疲《つか》れたよ。

里村 このように発言する場所が与《あた》えられるのは、たいへん名誉なことだし、ラッキーだと思いますけれども。

齋藤十一 今の社長だってな、俺には、敬語を使うんだぜ。なのに、おまえたち、ため口だろう?(会場笑)

里村 ため口ではありません。

齋藤十一 日本語には、「丁寧《ていねい》語」とか、「尊敬語」とかっていうのがあるんだよ。

里村 いちおう、丁寧語を使っています。

齋藤十一 教養がないのは、君たちでしょうが。

里村　いえいえ。ちゃんと丁寧語を使っています。

齋藤十一　日本人なら、ちゃんと、まともな日本語をしゃべりなさいよ。

小林　まあ、「喚問の場」ですからね。それは、しかたがないですよ。

齋藤十一　喚問？　おまえ（舌打ち）、許せんなあ！　今晩から狙《ねら》ってやるからな（会場笑）。

6 「週刊誌の将来」に対する不安

「週刊新潮《しんちょう》」の報道に使われている〝分身の術〟

里村 先ほどから、「週刊新潮《しんちょう》」の記者は、いろいろと汗《あせ》をかいて取材されていると……。

齋藤十一 そうだ。頑張《がんば》っとるんだよ。

里村 もちろん、そういう方もおられるかもしれません。ただ、私《わたくし》どもは、新潮社と裁判をやっているのですが……。

齋藤十一 裁判？ ああ。

里村　先日、「週刊新潮」の記者が、法廷で、「一人の人に取材し、その一人の話を、A、B、Cと三人に分けて報道しているのだ」と言っていました。

つまり、記事を読むほうは、「Aさん、Bさん、Cさんが同じことを言っているので真実かな」と思うのですが、なんと、それは、「一人に取材した話を三つの人格に分けて使っている」ということだったのです。

齋藤十一　そうだよ。

大川隆法　〝分身の術〟ですね？

齋藤十一　そうだよ。

小林　今、「そうだよ」と言いましたね。

齋藤十一　いやいやいや。何？　ちょっと、よく分かんなかった。

大川隆法　〝分身の術〟です。忍術《にんじゅつ》ですね。

里村　例えば、先般《せんぱん》も、あるテレビ番組が、実際の証言者ではない人を出演させて〝証言〟させたのですが、それだけでも、「やらせ問題」で、社長が謝罪したんですよ。

齋藤十一　へえー。

里村　「へえー」ではありません。それで、私も、「週刊新潮」の記者の話を聞いて唖《あ》然《ぜん》としたのですが、うちの弁護士が、法廷で、「それは、『週刊新潮』では、よく取られている手法ですか」と訊《き》いたら、「そのとおりです」と、堂々と答えていました（会場笑）。

大川隆法　そのようにしているのですね。

里村　私が、この話を、ほかの週刊誌の方に話したら、みんな絶句していましたよ。

齋藤十一　とにかく、「それらしいこと」を聞き取れば、記事になるの！

渡邊　結局、記者が、法廷で、「こういうことをやっています」と普通《ふつう》にしゃべっていたので、「週刊新潮」の記者は、おそらく、普段からそんなことをやっているということですよね？

齋藤十一　いやあ、まあ、とにかく、それらしい話が聞ければ、もう書いていいのよ。そして、それが文字になって、二十万人が読めば、真実になるんだって。

里村　二十万人？　そのくらいの数なのですか。

齋藤十一　ああ。「それらしい話を聞いてきました！」って言ったら、「行け！」って……。

小林　今、「二十万」と言いました？

齋藤十一　うん。

小林　ほお！

渡邊　ＡＢＣ公査だと、四十万部近くいっているはずなのですけれども、「二十万人の読者」と言われましたね？

齋藤十一　いや、ほんとは、五十万……、ちょっと挽回《ばんかい》しなきゃ……。

幸福の科学を批判している内容は、「週刊新潮《しんちょう》」自体のこと？

大川隆法　最終的に、「お金の問題」と、「人数が減っている」ということをやたらと言いますが、「これは、一生懸命《いっしょうけんめい》、自分のことを言っているのではないか」と思うんですよ。

里村　そうなんです。いつもそうです。

大川隆法　当会は、信者が増えているので、「新潮《しんちょう》」が言っていることに根拠《こんきょ》がありません。まったく、取材根拠がゼロなのです。

里村　ええ。

齋藤十一　ま、悔《くや》しかったらさあ、ほんとに人気を取ってみろよ。

小林　あなたは、「得票数だなんだ」と言っていますが、要するに、あれは「新潮」の部数のことでしょう？

齋藤十一　ああ？

小林　「週刊新潮」の実売部数の話ですね？

大川隆法　そこに入っていくのでしょう？　つまり、当会の会員ではなくて、「週刊新潮」の部数が減っているのでしょう？

小林　今、思わず、ポロッと、「二十万」とおっしゃったので……。

齋藤十一　それは、ちょっと……。

大川隆法　限りなく、三万、一万と減っていきそうな感じがするのではないですか。

齋藤十一　おたくらにも、なんだか、「会員が減ってる」って喜んでる人がいるらしいじゃない？　ハハハ。

大川隆法　いえ、当会は増えていますよ。「減ってほしい」と思う人はいるかもしれませんが、残念ながら、増えているんですよ。

『週刊新潮《しんちょう》』の部数減少」に対する強い危機感

齋藤十一　とにかくねえ、私たちも、新しい読者を開拓《かいたく》したいのよ。実は、今、「週刊新潮《しんちょう》」を読んでる層がリタイアし始めてるんだ。

里村　そうですね。

齋藤十一　要は、彼らが、会社の通勤途中《とちゅう》で買ってくれてたんだよ。そういう尊い方々が、もう、会社をリタイアされているので、まあ、これは、うちだけじゃなくて、全体的に落ちてるんだ。

そこで、新しい手を使って、もっと読者を増やさなきゃいかんから、「どうしたらいいか」っていうことを、私は、〝天国〟で考えてるんだ。

里村　（苦笑）〝天国〟……。

齋藤十一　それなのに、おまえたちは、すっごい、ありえない手を編み出してきたんで、「それを取材しろ！」っていうことを、酒井《さかい》以下に、今、命令して……。

大川隆法　当会の信者が減ったら、おたくの雑誌を買う人も減るので、当会の信者が増えたほうがいいではないですか。

齋藤十一　とにかく、うちの読者が減るのは、これ以上は厳しいんだ。

大川隆法　そうか。「おたくの週刊誌を買わない」ということは、「当会の信者が減っている」と、そのように読んでいるわけですか。なるほど。

齋藤十一　うーん？

大川隆法　幸福の科学のことを書いても売れなくなったから……。

小林　ああ。そういう判断なのですね。

大川隆法　それは回し読みしているために買わないのです。

齋藤十一　おまえたち、不買運動をしたら許さないぞ！

大川隆法　不買運動はしていませんが、誰《だれ》も買わないのです。

小林　分かりました。不買運動が怖《こわ》いのですね。

齋藤十一　でも、おまえたち、あれじゃない？　「『週刊新潮』に幸福の科学の記事が載《の》りました」って、信者さんに教えるんだろう？　それで、信者さんは買うんだよ。ハハハ。ありがとう！（手を叩《たた》く）これで、少なくとも部数は伸《の》びるわなあ。

大川隆法　いやあ、だから、買わないんですよ。

里村　かつて、創価学会《そうかがっかい》が、そうやって買い占《し》め的なことをやっていましたが、それは、新潮社が、いちばん元気がよかった時代の手法です。

大川隆法　うちは買い占めないですからね。

里村　ええ。買い占めないです。

齋藤十一　「元気がよかった」とか、過去形で言うな！

里村　（笑）

小林　要するに、自分のところの部数が落ちているので、当会の信者も減っていると思っていたわけですね？　よく分かりました。

大川隆法　なるほど。

齋藤十一 減ってるじゃん。得票数で見れば分かるじゃないか。うちに情報をくれる人が言っとったよ。

大川隆法 あの人は、少なければ少ないほどいいんです。「自分がいなくなったら減った」と言い続けているだけですから。

齋藤十一 ただ、おたくの教線が縮んでいくところと、私たちの考えとは、もろに一《いっ》致《ち》してるわけだよ。

大川隆法 しかし、実際、記事を書きたいのは、今年になっても、当会が派手に活動しているからではないですか。おかしいですね。

渡邊 霊言集《れいげんしゅう》も出るし、大学もできるし、選挙にも出るし、嫌《いや》ですね?

大川隆法　いいことは、全然、一つも書けないから、つらいんですよね。悪いことしか書けないですからね。

幸福の科学のオピニオンに後追いするしかないマスコミ

齋藤十一　とにかく、「数は少ないくせに、オピニオンを出すと、その要人《ようじん》の発言とかが変わってる」という報告を受けてて、それが……。

大川隆法　そうですね。今日（八月一日）の新聞などにも、昨日のニュースではあったけれども、「カリフォルニア州のロサンゼルスに従軍慰安婦《じゅうぐんいあんふ》の碑《ひ》が建った」という記事が載っていますが、それは、当会が選挙前に一生懸命やっていたことですから、今、テレビも新聞も、ものすごく遅《おく》れていますね。

齋藤十一　これ以上、世の中に、影響《えいきょう》を与《あた》えられちゃ困るんだ。

大川隆法　それを言うなら、もっと前に、当会が言っていることを、きちんと取り上げるべきでしたよね？　取り上げないほうが、おかしいので……。

里村　そうですよ。取り上げればいいんです。

大川隆法　選挙前に取り上げなければいけなかったのですが、選挙が終わってから取り上げるのです。この間の抜《ぬ》け方は、どうしようもないですね。

里村　ええ。「週刊新潮」をはじめ、週刊誌は、全然、現地の方の直撃《ちょくげき》取材など、できません。

大川隆法　そうです。終わってから言っているんですよね。

齋藤十一　まあ、そんなの……。

大川隆法　当会だけが、それを言っていました。票にはならなかったけれども、それは、あなたがたが、みな無視して、誰も報道しないからですね。

齋藤十一　その「慰安婦の問題」では、橋下《はしもと》が失言して、「これで一カ月は食える」と思ったら、おまえらが一発で火を消したらしいっていう報告が来たよ。

里村　ええ。

齋藤十一　ほんっと、営業妨害《ぼうがい》。

里村　いやいや。営業妨害って……。

齋藤十一　週刊誌が、一カ月は書き続けられることを、おまえらは一発で消しただろう？　そんなことばっかりやってねえ……。

大川隆法　あなたがたが、一年前に「橋下さんが首相になる」とギャアギャア言っていたので、私は、「彼を調べた結果、今のところ、首相になるような人でない」と言いましたが（『徹底霊査《てっていれいさ》　橋下徹《とおる》は宰相《さいしょう》の器《うつわ》か』〔幸福実現党刊〕参照）、一年後には、みな、同じ結論になっているではないですか。

里村　ええ。

大川隆法　間違《まちが》わないように、きちんと早めに教えてあげているではないですか。

里村　すでに、一年前に言われたことです。

大川隆法　バカ騒《さわ》ぎや空騒《から》ぎをして、あとで恥《はじ》をかかないように、早めに言ってあげているのに……。

齋藤十一　「先のことを言って、最近、当たり始めてる」っていうのは、うちらの業界でも噂《うわさ》にはなってるが、それはねえ、困るのよ。

週刊誌は、ただただ、今のことを書けばいいの。面白《おもしろ》く書けばいいの。そのわれわれに対して、おまえたちは、先のことを言ってたから、三、四年前は、みんな、バカにしてたけど、「最近、ちょっと当たり始めてる」っていうのは、なんか、聞くわけ。

里村　うんうんうん。

根元《ねもと》から崩《くず》されつつある「週刊誌マーケット」

齋藤十一　はっきり言って、われわれは、「今が楽しければいい」という〝正しい人生観〟で雑誌をつくってるんだけど……。

大川隆法 （苦笑）

齋藤十一 いや、そうじゃないと売れないんだ。

それなのに、おまえたちは、何か正しい方向に、勝手に導こうとしてるのか知らないけど、とにかく、最近、ポツポツと当たり始めてることに対して、われわれの業界は、非常に、懸念《けねん》してる。

里村 なるほど。「今さえ楽しければいい」という人たちの、その人生観が崩《くず》れていくと？

齋藤十一 そう！

里村　そうすると、週刊誌のマーケットが、必然的に、なくなる。

齋藤十一　売れない！　「これから、こうなる」みたいなことを、おまえらが、バンバン出して、それがオピニオンになり、過半数を超《こ》えたら、週刊誌は、いったい、どうなると思う？

里村　なるほどね。将来というものに対する指針を、きちんと与えて、それに従う人たちが増えてくると、週刊誌の部数が減るわけですね？

齋藤十一　そうなんです。俺《おれ》は、今の編集長の酒井レベルと違って、もっと先を見とるんだよ。

だから、「これは、このまま放っておくと、やばい」と。

里村　根元《ねもと》から、週刊誌マーケットが、掘《ほ》り崩されていくからですね？

齋藤十一　そう。「これは根元から週刊誌を消そうとしてるな」ということが見える。

大川隆法　「ないことを持ち上げて大きくし、また、全部をくさして、崩す」「上げて、下げる」という方法でマーケットを広げているのに、当会が結論を先に言うことで、そのマーケットがなくなってくるわけです。

里村　なるほど。そのあたりも根源的な問題であるわけですね。

大川隆法　ええ。

齋藤十一　それでは記事にならないだろう？　橋下を「上げたとき」と「下げたとき」の両方で書けるんだ。それを、おまえたちは、バサーッと消したじゃないか。

小林　マッチポンプが使えなくなったら、もう、週刊誌は、記事が書けませんものね。

齋藤十一　マッチポンプじゃないよ。みんな、面白がってくれればいいんだよ。サラリーマンに対して、エンターテインメントを提供してるわけ。「ああ、こんなことをやってるんだ」「安藤美姫《あんどうみき》はこうなんだ」「結局、橋下もこうなんだ」みたいな、そういうところを出すことによって、人間は、スーッとするのよ。

小林　ああ。そうやって、嫉妬《しっと》とか、恨《うら》みとか、そういったものを刺激《しげき》して喜んでいるわけですね。

齋藤十一　違う。おまえにも、社会経験があるから分かるだろう？　社会人になったら、いろんな嫌なことがあるじゃない？　でも、週刊誌を見たら、「有名人も、やっぱり、こうだった」と思って気が楽になり、週末、お父さんが楽に暮らせるんだ。どれだけ〝天国的〟だ？

「欲を満たしてあげたほうが部数は出る」が社是《しゃぜ》？

里村　「読者の人生観が変わる」というところは、すでに、スポンサーの部分に現れていて、先ほど、「不買運動はするな」とおっしゃっていましたが、「週刊新潮」のスポンサーが、だんだん減っていますよね。

齋藤十一　ああ？

里村　新潮社の出版物の広告欄《らん》は、自社広告ばかりではないですか。

齋藤十一　何？　おまえたちも新潮社（の出版物）に広告を出したいのか？

里村　いやいや（苦笑）。別に出したくはないですが、スポンサーがどんどん減っていますものね。

齋藤十一　いちおう、営業のほうに言っといてやろうか。

里村　スポンサーが減るのは、やはり、かなり響《ひび》いていますでしょう？

齋藤十一　ん？

里村　スポンサーが減っているのが響いている？

齋藤十一　何が！　なんだ、おまえ、その「上から目線」は！（会場笑）どっちが部数で勝《か》ってるか、分かってるのかよ。

里村　いやあ、トータルで言うと、おそらく、こちらのほうが、はるかに勝っていますよ。

小林　先ほどの、二十万というのを聞いて、そろそろ……。

大川隆法　大きく見せて、大臣のクビを切れるような政治権力にしたいのですね。

齋藤十一　マクロ経済的に、まあ、要は、景気が悪くなってきてるから、ちょっと広告が減っているんで、とにかく、今は、「部数を伸ばすしかない！」という檄《げき》を飛ばしとるんだ。

大川隆法　新潮社の本も、大して売れませんしね。

小林　はい。

渡邊　でも、それなら、逆に、大川総裁の本の情報を、いち早く取って、それをベースにして記事を書いたら、「先が見える『週刊新潮』は、すごいぞ」ということになり、売れますよ。

小林　最近、そういう週刊誌が、けっこう増えていますよ。

齋藤十一　そんなところ、あるの？

小林　ありますよ。

齋藤十一　それは、潰《つぶ》れるミニコミ誌だろう？

小林　いやいや。

齋藤十一　嘘《うそ》だろう。

小林 「週刊P」とか、「週刊G」とか、あるんですよ。

齋藤十一 あるわけないよぉ。とにかく、人間には、地上で生きてれば、いろんな欲があるわけ。それを満たしてあげる方向でいったほうが、数は出るのよ。これが、わが社の方針です。社是《しゃぜ》です。変えられない。

保守系雑誌でありながら皇室を叩《たた》く理由

渡邊 一つだけ訊いてもいいですか。最近、「週刊新潮」は、皇室を、ものすごく叩《たた》いていますよね?

大川隆法 ああ、きついですね。

齋藤十一 おお。

渡邊　皇室に対する敬意もなく、「これは、本当に、保守の雑誌なのか」と思って、私は、毎回、読むたびに怒《おこ》っているのですが、どういうことですか。

大川隆法　あれは、雅子妃《まさこひ》に、自殺してほしいわけですか。そういうことですか。

齋藤十一　うーん。実はな、雅子妃には、女性からの人気がないのだ。それを受けて、「叩いてもいい」と判断してるんだ。

大川隆法　うーん。

渡邊　そうすると、皇室への敬意などは、まったくないのですか。

齋藤十一　それが、今、宮内《くない》庁も、グリップが弱いというか、「どうも、皇太子の家族と仲が悪いんじゃないか」ということで、こちらへの指導は少なくなっておるのだ。

大川隆法　ふーん。

齋藤十一　それで、叩いてる。いや、失礼。「叩いてる」というか、事実を書いてる。

里村　叩いているわけですね。

「皇室叩《たた》き」を世間《せけん》のせいにして逃《に》げる齋藤十一

里村　ただ、あなたは、どうなのですか。宮内庁がどうのこうのではなくて……。

齋藤十一　ん？

渡邊　皇室や天皇陛下を、どう思われますか。

里村　あなたの考えは？

齋藤十一　もともと、佐藤《さとう》のお父さん（創業者）が生きてたときは、確かに、「皇室は大事だ」というお考えだったよ。ただ、二代目、三代目と、若くなってきたときに、もう、そんな考えがだいぶ薄《うす》れて、今は、ほとんどニュートラルよ。おまえたちが思ってる以上に、うちは、非常にニュートラルです。右にも左にも行ってない。ニュートラルだから、世間《せけん》が「雅子妃は、いかん」と言えば書くし、「いい」と思えば、よく書く。

だから、美智子《みちこ》さんは、少し持ち上げつつ、雅子さんには、上手に差をつけて、うまーく書いてるわけよ。

そうしたら、「なるほど、皇室はこうなってるんだ」と、まあ、新聞じゃ書けないだろう？　「週刊新潮」しか、〝真実〟を書かないんだよ。

「雅子さんは、次の皇后になれるのかな？」と思う方が多いから、「それは厳しいですよ」というメッセージを出してやってるんだよ。

里村 しかし、あまりにも突出《とっしゅつ》しているんですよね。

あなたが実質的につくり上げた「新潮45」で、山折《やまおり》さんの「皇太子退位論」を載せ、さらに、それを受けて、今度は、「週刊新潮」で「譲位論《じょういろん》」まで出してきているわけです。なぜ、そこまでするのですか。

齋藤十一 そういう意味では、おまえたちが最初に、今上《きんじょう》天皇や、いろんな皇室の霊言を出しただろう？ さらに、それを堂々と書店で出してきたじゃん（『皇室の未来を祈《いの》って』『今上天皇・元首の本心 守護霊メッセージ』『守護霊インタビュー 皇太子殿下《でんか》に次期天皇の自覚を問う』〔いずれも幸福の科学出版刊〕参照）。

だから、「うちも踏《ふ》み込《こ》んでいいのかな？」と思ったのよ。

里村 とんでもないです。あの内容は、ものすごく崇高《すうこう》な内容なのですよ。

齋藤十一　あれも、「霊言」とか称《しょう》してるけど、生きてる人間の（守護霊）霊言なんて、訳が分かんないわ。

渡邊　ただ、「皇室は、天照大神《あまてらすおおみかみ》の直系の子孫である」と、大川総裁も、「まえがき」で書かれていますので（前掲《ぜんけい》『守護霊インタビュー　皇太子殿下に次期天皇の自覚を問う』参照）、幸福の科学には、皇室に対する敬意がキチッとあるんですよ。

齋藤十一　そうなの？

渡邊　「新潮」は、商売にしていますよね？

齋藤十一　いや、私が読むかぎり、「まえがき」「あとがき」は別にして、「雅子様も、今の皇太子様も、中身は、ひどいな」と思ったよ。

里村　いやいや。そんなことはありません。それは読み方が……、あっ、あなたから見て「ひどい」というものは、「崇高だ」ということですよね（会場笑）。

齋藤十一　全然、国を思う気持ちがないじゃない。

里村　逆なんですよ。

小林　いずれにしても、新潮が、皇室を破壊《はかい》する方向に持っていっているのは、分かりました。

齋藤十一　いや、私じゃなくて、世間が、「それでいい」って言ってるんだよ。

小林　あっ！　それは、マスコミ人のいつものパターンですね。都合《つごう》が悪くなると、

「世間がそう言っている」と言って逃《に》げる。

齋藤十一　ああ。世間はそう言ってる。だから、部数が出てるじゃない。

小林　その世間の見方をつくっているのは、あなたたちなんですけれどもね。ただ、今の一連のプロセスで、要するに、スポンサー離《ばな》れのなかの一つの話なのですが、保守系の企業《きぎょう》には、皇室ファンがたくさんいますから、そういったところに、よく、お話を伝えておきたいと思います。

齋藤十一　でも、左側のところも、たくさんあるからね。

小林　左側の企業は、考え方が反資本主義的になるので、全部、傾《かたむ》いていくんですよ。

7 マスコミ業界の〝神のなかの神〟とは

「〝高級な病室〟で相談の手紙に答えている」という現状

里村　先ほど、「うちらの業界が困っている」というように話されていましたが、普《ふ》通《つう》に聞くと、あなたの言う「業界」とは、「マスコミ業界」のことだと思いがちです。しかし、もう一つ、あなたがいらっしゃる「霊界《れいかい》」という意味では、どうなのですか。

齋藤十一　霊界？

里村　以前に、当会から刊行されている本のなかで、あなたは、「新潮《しんちょう》の悪魔《あくま》」として、「ルシフェルの指導を仰《あお》いでいる」とおっしゃっています（前掲《ぜんけい》『「週刊新潮」に巣くう悪魔の研究』参照）。

齋藤十一　ああん？　いや、俺様《おれ》は、今、〝高級な病院〟にいて、ときどき、いろんな人からお手紙が来るのよ。

里村　高級!?　〝面会謝絶の個室〟ですか。

齋藤十一　ん？　そうそうそうそう。まあ、面会謝絶っていうか、VIP《ビップ》だからさ。すごい部屋に、ベッドといろんな家具があって、非常に快適だよ。まあ、年だから、体調はちょっと苦しいけどな。

里村　お手紙は、どなたから来るのですか。

齋藤十一　いや、だから、今、新潮の編集長をやってる酒井《さかい》とかが、「どうしたらいいですか」とか言ってくるから、答えてやってるぐらいだよ。

里村　ああ、下界《げかい》のほうから、あるいは、地上のほうから、お伺《うかが》いが来るのですか。

齋藤十一　そうそう。あと、最近は、裁判で一緒《いっしょ》になった、おたくの元の奥《おく》さんとかもそうだよ。

里村　はい。

齋藤十一　おたくのところの元奥さんとかが、「一緒に、この教団を何とかしてくれ」って、いろいろ言うから書いてんだよ。彼女は、よく来るよ。

里村　なるほど。でも、あなたから見て、どうですか。もう、使い勝手は、だんだん……。

齋藤十一　男性に見えるな。

里村　男性に（笑）。彼女の使い勝手は、「よくない」というか、だんだんと、なくなってきていますか。

齋藤十一　うーん。もう、ほとんど全部話してくれたからね。でも、「教団の教祖の奥さんの話」っていうのは、すべて真実じゃない？

里村　元ですよ、元。

齋藤十一　え!?

里村　元奥さんです。

齋藤十一 まあ、元でもなんでもいいけど、要は、ネタになるんだよ。

里村 今度、新潮さんの裁判で一緒になって、おそらく、「そのあたりの話がすべて嘘《うそ》だった」ということが、判決で明らかになるかと思います。

齋藤十一 うーん。彼女は非常に頭がいいし、言葉も切れるし、本当に〝真実〟を語ってくれる。たくさんのネタを提供していただいて感謝してるよ。

幸福の科学の「霊言《れいげん》」と「政治活動」を嫌《いや》がる陰《かげ》の存在とは

里村 もう一つ訊《き》きたいのは、「あなたに応援《おうえん》を頼《たの》む」というだけではなく、あなたの〝病室〟にそれを言いに来る〝医者〟や〝看護師〟というのは、今、どういう人なのですか。

齋藤十一 直接は来ないけど、なんか、メッセージで来るんだ。

里村　おお。メッセージですか。

齋藤十一　「とにかく、これ以上、この教団に勝手なことをさせるな！」って言ってくる。

里村　例えば、どのような切り口からくるのでしょうか。

齋藤十一　まあ、今の俺たちの武器は、週刊誌を中心に言論を導くことだから、「そちらの方向でやりながら、この教団が好き勝手なことをしないように、キチッと叩《たた》いてくれ」と。

里村　例えば、その「好き勝手」というのは、どういう面でしょうか。

齋藤十一　今やってるじゃん。ガンガン霊言《れいげん》を出したりとか。

里村　「霊言」ですね。それから？

齋藤十一　宗教のくせに、いきなり政治に出てくるとかしてるだろう？　もう、「そんなことは言語道断《ごんごどうだん》だ！　なんとしても止めろ！」と。

里村　やはり、「霊言」と「政治」ですか。

小林　そのあたりが、いちばん嫌《いや》なわけですね。

齋藤十一　とにかく、それが駄目《だめ》だね。

公職選挙法違反《いはん》に当たる「週刊新潮《しんちょう》」の記事

里村　では、「政治」が、すごく嫌なのですね。

齋藤十一　「政治は絶対やめさせろ！」と来てる。

小林・里村　おお。

齋藤十一　「やめさせろ。何十回連続でやっても、一回も当選させるな！」と。

里村　だから、完全に公職選挙法違反《いはん》になるような、ああいう記事を出したんですよね。

齋藤十一　おお。

小林　（会場にいた編集局のスタッフに）編集のとき、ちゃんと、「おお」と書いておいてくださいね（笑）。

里村　やりましたね？

齋藤十一　うん。

里村　「これから選挙戦が始まる」という公示後に、「全員落選」という記事を書いていました。選挙に関する研究でも言われていますが、あんな記事を見たら、投票するほうは、「自分の票が無駄になってしまう」と考えて、投票する意志がなくなってしまうんですよ。

齋藤十一　そう。でも、それは、うちらじゃないよ。新聞だよ。

やっぱり、新聞が、適当な事前調査をしながら、「こんな感じです。次は自民党が六十議席を超《こ》えます」とか言って、「空気」を使って国民の考え方を支配すれば、「あ、そうなんだ」ということで、自民党に入れる気がない人でも入れちゃうし、あるいは、投票率が下がるわけだ。まあ、そういうことで、事前にちゃんとやってるんだよ。

「世界伝道阻止《そし》」も目論《もくろ》むマスコミ業界の〝神のなかの神〟

小林　いずれにしても、「『政治』と『霊言』は絶対にやめてくれ」というメッセージが来ているわけですね。

齋藤十一　そう。それとわが社の考えが、今、まったく一致《いっち》しとるわけだ。

小林　それは、誰《だれ》からですか。

齋藤十一　ん？

小林　誰から来ているのですか。本当は、名前も分かっているのでしょう？

齋藤十一　うーん。いや、私は、このマスコミ業界の〝神〟であるが、その〝神のなかの神〟という人がいるらしい。その方から来る。

小林　ですから、それは誰ですか。

齋藤十一　うーん。名前はよく分からない。

小林　いや、分かっているような顔をしているではないですか。

齋藤十一　いやあ、かなりの偉《えら》い方だとは思う。

小林　かなりの偉い方？

齋藤十一　偉い方だと思う。だって、指示が正しいもん。

里村　それは、二年前にあなたがおっしゃった、ルシフェルという名前ではないのですね（前掲『「週刊新潮」に巣くう悪魔の研究』参照）。

齋藤十一　うーん……。

里村　そういう存在とは、また別で、この日本に肉体を持った人なのでしょうか。

齋藤十一　何か、「インドにも行け」とか……。

小林　あ、「インドに行け」と言った人なのですね。

齋藤十一　うーん。何かね、「邪魔《じゃま》しろ」と……。そうそう、もう一つ言ってた。もう一つ、別のことを言ってた。

まあ、私は、国内の、一新潮社《いちしんちょう》の番頭っていうか、実質経営者だけど、やっぱり、おまえたちが世界に出ていくのも「嫌だ」と言ってたな。

小林　「世界に出ていくのが嫌だ」というのは、つまり、「世界伝道が嫌だ」ということですね。

齋藤十一　ああ、海外に行くのも阻止《そし》する。

とにかく、日本で人気がないようにしておけば、海外に行っても笑いものになるから、「総裁を中心に、海外に出させるな」と言ってる。

小林　要するに、「世界」と「政治」と「霊言」が、もう絶対に困るわけですね。

齋藤十一　だから、「国内でどんどん問題を起こし、総裁をそちらに釘付《くぎづ》けにして、海外に行かせないようにしてほしい」って言ってたな。まあ、でも、「そこまで、おまえには求めない」と……。

大川隆法　「幸福の科学学園も中長期的に潰《つぶ》せ」という〝上〟からの指令

大川隆法 教育については、どうですか。教育は構わないのですか。

小林　幸福の科学学園について、あれだけの記事を書かせていましたから。

渡邊　教育に関しても、裁判になる記事を書いて、潰《つぶ》そうとしましたね。

齋藤十一　そう。いじめ事件であったねえ。いじめ事件かなんかで、最初、（当時の）奥さんが「助けてくれ」って言って……。違《ちが》うな。あのときは、確か敵だったんだ

（笑）（『現代の法難《ほうなん》①』〔幸福の科学出版刊〕参照）。

里村　敵ですよ。

齋藤十一　ああ。なんか、うちが記事を書いたら、怒《いか》り狂《くる》ってたよ。

里村　そうです。

齋藤十一　それが、また、彼女っていうか、彼はいい人で、ちゃんと考えを変えてくれたんだよ。

里村　（苦笑）

齋藤十一　「やっぱり新潮社の言うことは正しかった」ということで、ちゃんと、うちの味方になってくれてる。最後は、誰が正しいかが分かるわけだな。

小林　それで、幸福の科学学園については、どうなのですか。

齋藤十一　ん？

小林　幸福の科学学園の教育事業に関しては、どう言っているのですか。

齋藤十一　学園？　ああ、これは、ちょっと、その方からかどうかは別にして、この学園事業も、どうせ潰《つぶ》れると思うけど、政治ほど、まだ急じゃないからな。

ただ、「この教義を学ぶ人間が世の中に出ていく」なんていうことは、ありえない。世の中、おかしくなるから、これも「中長期的に潰せ」と。酒井（編集長）がチンピラ記者を使ってね。おまえたちの学園は、何か、やらかしてるはずだから。

指令を出しているのは〝ワールド・ティーチャー〟？

小林　今、一言、「その方からかどうかは別として」と、「そこだけ別のルートから来ている」というようなニュアンスのことを、チラッと言いましたが。

齋藤十一　うーん。分からん。

教育のところに来る指令は、その方からなのか、それとも、その方の、またさらに間にいる方からなのか、そこまでは、ちょっと俺にも分からん。分からんけど、何て言うか、とにかく、私の力を評価してくれるんだよ。

小林・里村　うん。

齋藤十一　俺を評価して、とにかく、「この教団を、これ以上伸《の》ばさせないでくれ」っていう依頼《いらい》が来るんだよ。

小林　ああ。

齋藤十一　おまえたちは、人から頼まれたことって、あんまりないだろ？　おまえたちは、勝手なことをやってるからな。

小林　一生懸命《いっしょうけんめい》にやっているのは、そうやって依頼が来るからですね？

齋藤十一　そう。俺様みたいな、大物で器《うつわ》の大きい人間は、頼まれたら、「じゃあ、やったろうか」ってなるわけだよ。

里村　うーん。

齋藤十一　そして、それが、うちの部数が伸びる方向だったら、「ぜひ、（手を一回打つ）やりましょう」となるわけだ。

小林　一生懸命に依頼してくる存在があるわけですね。

齋藤十一　ええ。非常に合理的な考えです。

里村　それは、教育も政治も見ている人であり、また、大物のあなたでも、「どういう存在か」ということについては、名前を知ることも、姿を見ることもできないような存在なのですね。

齋藤十一　そうだねえ。たぶん、日本だけではないんじゃない？

里村　おお。

齋藤十一　たぶん、そうそう、〝ワールド・ティーチャー〟じゃないか？

小林　（苦笑）

齋藤十一　世界全体を見て、どうするか……。

里村　当会の教えをつまみ食いしないでください（会場笑）。「ワールド・ティーチャー」という言葉を、勝手に使わないでください。それこそ、肖像《しょうぞう》権、パブリシティ権の問題ですよ。

「いじめ対策法」や「当会学園事業」のきっかけになった新潮《しんちょう》

齋藤十一　とにかく、「この教団を日本に釘付けにしろ！　日本で問題を起こすから、それをいちいち記事に書いて、総裁が日本から出れないようにしとけ！」と、まあ、そういう感じよ。

それで、さっき言った教育も、「放っとくなよ」とは言われてる。何て言うか、「政治ほどの即効性《そっこうせい》はないけども、ちょっと時間がかかる事業を同時にやっているから、絶対に潰れる。財政的に破綻《はたん》するから、とにかく、少しでも何かあったら、すぐに書け！　教育事業は、絶対に出させるな！」ということも言われてる。

まあ、私たちは、まだ、そこまで手が回っとらんけどな。

ただ、いじめ事件に縁《えん》ができたので、「実は、幸福の科学学園でいじめが起きていました」みたいなのを書きたいなあ。誰か、これ（本書）を読んだ父兄《ふけい》の方は、ぜひ……。

大川隆法　結局、おたくの記事がきっかけになって、最近、「いじめ対策法」のようなものができましたからね。

里村　できましたね。ええ。

齋藤十一　もうねえ、「法律までできる」とは思わなかったよ。たぶん、そのへんが引き金になって、〝天上界《てんじょうかい》〟も、そうとう焦《あせ》っておられるんじゃないか。これと政治がリンクしたら、どうなるのか……。

里村　焦っていません。

大川隆法　いじめの原因は、週刊誌などに載《の》りますからね。

里村　焦っているのは、天上界ではなくて地獄《じごく》界です。そうか、自分のほうのことですね（笑）。

齋藤十一　ああ？　おまえたち、本当に天地が引っ繰《く》り返ってるなあ。ハハハハハ。

里村　いえ。引っ繰り返っているのは、あなたなのですが……。まあ、いいです。

でも、確かに、法律ができました。

大川隆法　ええ。「文春《ぶんしゅん》」が、一生懸命にいじめの加担をし、特に、「新潮《しんちょう》」のほうが加担してくれたおかげで、当会は、学校をつくることを決意し、「いじめ防止法」というものも提言して、何年か越《ご》しに通りました。確かに、結果的には、世の中はよくなりましたね。

「おたくの反対をすればよくなる」ということが、よく分かりました。

「週刊新潮《しんちょう》」が立党したら票は入る？

齋藤十一　最後に、私たちから言わせてもらうと、おたくらは、やっぱり、天邪鬼《あまのじゃく》だよ。世間《せけん》の常識がこうなのに、それで何かあったら、その反対を打ってくる。

最近では、言論だけじゃなくて、「自分のところでつくってしまう」なんていうことまで出てきたから、許せなかったんだ。

大川隆法　ですから、おたくも、「週刊新潮《しんちょう》党」という政党を立てたらどうですか。社員数以上の票が入るかどうか、見てみたいものです。

小林　（笑）

齋藤十一　うちは、そんなことで争ってない。もう、政治は……。

大川隆法　読者が入れてくれるでしょうか。公称《こうしょう》読者数と同じだけ票が入ったら、その読者は〝信者〟ですよ。

里村　はい。

大川隆法　入るかどうか、見たいですね。

齋藤十一　いやあ、政治家は腐敗《ふはい》の塊《かたまり》だから、とにかく何かやらかすので、それを書くだけで、十分叩けます。

大川隆法　社長が通るかどうか見てみたいものです。

里村　うーん。見てみたいですね。

大川隆法　甲賀忍者《こうがにんじゃ》の服装をして、パフォーマンスしていただきたい（前掲『人間失格―新潮社　佐藤隆信社長・破滅《はめつ》への暴走』参照）。通るかどうか、見てみたいですね。

里村　「酒井編集長、東京選挙区から出馬」とか、よいのではないですか。

齋藤十一　まあ、今の部数だったら、比例では通るんじゃないか。おまえたちよりも多いと思うよ。

里村　（笑）（会場笑）

大川隆法　読者が〝信者〟なら通るかもしれませんから、一回、出てみたらよいのではないですか。

齋藤十一　通るよ。今、団塊《だんかい》の世代は、俺たちがガチッと押《お》さえとるんだから。ハッハッハッハッハッハッハ。

小林　まあ、現実離《ばな》れした票読みは置いておきましょう。

8　「悪魔《あくま》の民主主義」がはびこりやすい現代日本

「守護霊霊言《しゅごれいれいげん》パート2」の発刊を恐《おそ》れている酒井《さかい》編集長

渡邊　最後に一つ、酒井《さかい》編集長に、「ちゃんと出てきて、幸福の科学の広報と話をしろ」とインスピレーションを降ろしてもらえませんか。

大川隆法　「守護霊霊言《しゅごれいれいげん》のパート2を出される」と思って、怖《こわ》がっていますね。きっとそうだと思いますよ。

渡邊　（笑）以前、『徹底霊査《てっていれいさ》「週刊新潮」編集長・悪魔《あくま》の放射汚染《おせん》』という本を発刊しましたからね。

大川隆法　あと、『悪魔の汚染水』という本が出てくるかもしれません（笑）。

齋藤十一　おまえたちは、オウムと一緒《いっしょ》でカルト教団だから、怖がってるんだよ。「行ったら、何をされるか分からない」って思ってるよ。

だから、実は、今、総裁が言ったとおりなんだよ。

要は、おまえたちみたいな雑魚《ざこ》の霊言は出さないけど、編集長とか、ある程度の肩《かた》書《がき》がついてきた人間、つまり、おまえたちの論理で言うところの「公人」と勝手に判断された人間の場合、いきなり霊言を出してきて、それを、信者だけじゃなくて、経《きょう》典《てん》にして外に出すだろう？

大川隆法　いや、当会も週刊誌体質になってきて、隠《かく》れられると、引き合いに出したくなってくるんです。

里村　（笑）

大川隆法　引きずり出したくなってくるところがあるので、少し、いけませんね。

齋藤十一　酒井は、いちおう、編集長という立場なのに、「実は、本心はこうだった」っていうことを、部下とか周りの人間とかが知ってるわけだ。それで、「人心《じんしん》が離反《りはん》する」っていうことで逃《に》げてるんだ。

大川隆法　おかしいですね。新潮《しんちょう》社の編集長と社長の守護霊霊言を二冊出しましたが、それに対し、酒井編集長本人からは、「こんなものは二十分で読める」というコメントが伝わってきたぐらいでした。また、社長に関しては、過去世《かこぜ》が甲賀忍者《こうがにんじゃ》ということでしたので、「手裏剣《しゅりけん》の練習でもしておきなさい」と言ったのですが、それについては、何も言ってきません。

誰《だれ》も取材ができないので、今、隠れて手裏剣を投げる練習をしているのか、困っているのか、あるいは、まさに、あなたが言ったような雰囲気《ふんいき》なのか分かりません。サウンド（反響《はんきょう》）がないところが不思議ですね。

里村　そうです。『守護霊霊言《しゅごれいれいげん》』は『言論の自由』の侵害《しんがい》」という主張

齋藤十一　おまえら、中日新聞の社長（守護霊《しゅごれい》）の霊言《れいげん》までやってただろう？（『中日新聞』偏向《へんこう》報道の霊的原因を探《さぐ》る』〔幸福の科学出版刊〕参照）

あれも、業界じゃ、けっこう噂《うわさ》になってるよ。

里村　ええ。

大川隆法　そうでしょうね。

齋藤十一　ああいう感じで、おまえたちが、トップの人間を霊言で吊《つる》し上げると……。

里村　吊し上げているわけではありません。

齋藤十一　いいか？　この日本国憲法でいちばん大事な、「言論の自由」が奪《うば》われるんだ。

小林　（笑）（会場笑）

齋藤十一　分かるか？　トップが、ああやってさらされると、自由に書けなくなるじゃないか。

里村　ちょっと待ってください。あなたたちが、「霊言はおかしい」と言って、こちらの「言論の自由」を押《お》さえ込《こ》もうとしているのではないですか。

齋藤十一　いや、俺《おれ》たちは信じてないよ。でも、周りの人間は、「やっぱり、ああいう感じの人なんだ」っていうことを知ってるから（会場笑）。

小林　ああ。やはり、当たっているわけでしょう？

齋藤十一　「やっぱり、そうなんだ」って……。いやいや、本当、二十人ぐらいなんです。

里村　二十……。

齋藤十一　だけど、その人間が社内で噂されたら、編集長とか社長とか、いちおう、それなりの肩書を持ってる人間は、やりにくくなるんだよ。君、サラリーマンやったことある？

「守護霊霊言《しゅごれいれいげん》」が与《あた》える影響力《えいきょうりょく》の大きさとは

大川隆法　しかし、おたくは偉《えら》いと思いますよ。朝日新聞でも、〝弾《たま》〟を打ち込んだら、主筆が交代しましたし、ＮＨＫだって、態度を変えたのに（『朝日新聞はまだ反日か』『ＮＨＫはなぜ幸福実現党の報道をしないのか』〔共に幸福の科学出版刊〕参照）、新潮社だけが態度を変えずに頑張《がんば》っています。やはり、これは、〝最強〟の言論機関ですよ。全然、心配していませんよ。

齋藤十一　そう、だから、総裁の霊言《れいげん》は、何て言うかなあ。あの巨大《きょだい》な朝日新聞に行ったことある？　すごく高い五メートルぐらいの壁《かべ》があって、なかの音が聞こえないようなところに、ステルスミサイルがズドンと入ってきて、社長室でボンと爆発《ばくはつ》する感じなんだよ。

大川隆法　ええ。

齋藤十一　それが、秘書とか、直属の役員とか、そのあたりまでは聞こえるわけ。それで、「普段《ふだん》から接してる社長は、あんな人だと思ってたけど、やっぱり、そうだったんだ」みたいな（会場笑）。だから、外の人は知らないけど、「なかでは、そうとう影響力《えいきょうりょく》が出るらしい」と、中日新聞の社長が言っとった。

小林　（『徹底霊査「週刊新潮」編集長・悪魔の放射汚染』を手に取り）カメラアップしてほしいのですが、要するに、「酒井編集長は、この本に出てきた人物そのものだった」ということですね？

齋藤十一　「そのもの」とは、俺からは……。

大川隆法　あっ、写真が載《の》らなかったのが気に食わないのかもしれません。顔の写真を出したら宣伝になって、今、特集しているような有名人と、同じ扱《あつか》いになりましたからね。

齋藤十一　いや、そんなことをしたら、編集長が外に行けなくなるじゃない。

大川隆法　パーッと写真が出ればよかったですね。

里村　ええ。

大川隆法　これは、撮《と》らなくては（笑）。

齋藤十一　「言論の自由」を奪われて、「行動の自由」まで奪われるのか。

大川隆法　「フォーカス」して、出勤写真を撮って。

渡邊　（笑）そうですね。新潮社の前で……。

齋藤十一　やっぱり、この教団は潰《つぶ》さないといかん。〝神〟が、私の「上」が言ってるように、これ以上、この教団を伸《の》ばしてはいかん。

大川隆法　うーん。

齋藤十一　もう、今日は、覚悟《かくご》を決めさせてもらいましたわ。本当にありがとう。

『週刊新潮《しんちょう》』は地獄《じごく》への切符《きっぷ》」ということが判明

里村　こちらも、いろいろとお話をお伺《うかが》いして……。

齋藤十一　あのね、これ以上は、もう絶対、私のプライドにかけて許せない。

大川隆法　とにかく、「『週刊新潮《しんちょう》』は、地獄《じごく》への切符《きっぷ》だ」ということだけは、よく分かりました。

小林　はい。そうですね。

大川隆法　これが、民主主義を騙《かた》り、国の政治家のクビを切ったりするのは、もう限度を超《こ》えているかもしれませんね。「悪魔の民主主義」というものを、憲法も許してはいないでしょう。

齋藤十一　「言論の自由」がすべてです。

大川隆法　よその国は、「神の民主主義」「神の子の民主主義」です。日本国憲法は、そこが薄《うす》いため、「悪魔の民主主義」がはびこりやすくなっているわけですね。

里村　はい。

大川隆法　これは、少し、困りましたね。もしかすると、皇室攻撃《こうげき》についても、そこのところなのかもしれませんね。

里村　はい。そのとおりだと思います。

大川隆法　はい。分かりました。

思想犯として「無間地獄《むけんじごく》」に隔離《かくり》されている齋藤十一

大川隆法　まあ、こういう方でした。残念ながら、おられるところは、天国とは思えませんし、死んだことを分かっているのかどうかも分かりません。〝別室〟に隔離《かくり》されているようです。

齋藤十一　生きてます。

大川隆法　病院にいるつもりなのでしょう（会場笑）。きっと、新潮社の裏に〝病院〟が建って、〝特別室〟があるのでしょうね。

おそらく、〝介護《かいご》〟してもらっているのではないでしょうか。

齋藤十一　〝特別室〟です。

里村　はい。

大川隆法　うーん。まあ、かわいそうではありますが、最近、そういう人が、よく出てくるんですよね。

里村　はい。そうです。

大川隆法　思想的に間違《まちが》った人、つまり、思想犯の場合は、隔離されます。そこは、人々を思想的に間違って導いた人が行くところで、宗教家や政治家、言論人で間違った人が、思想犯として行きます。要するに、ほかの人に接触《せっしょく》しないようにさせられているわけです。

齋藤十一　総裁の話を、これ以上聴《き》いてると、自分がおかしくなりそうだから、ちょっと離《はな》してくれる?

大川隆法　「無間地獄《むけんじごく》」と定義されるところですね。おそらく、近所にも〝偉い人〟はいると思いますが、会えないのでしょう。〝特別室〟がたくさんあるのですが、お互《たが》いに会えないのだと思います。

里村　ええ。

大川隆法　かわいそうですね。ときどき、〝看守〟が手紙を届けてくれたりするのかもしれませんが。

里村　はい。

大川隆法　うーん。成仏《じょうぶつ》してくれるといいですね。PLの教祖も、どこか近所を探したらいるかもしれませんが、それは、また別途《べっと》のことなので、考えさせてもらいます。

里村　はい。

大川隆法　では、今日は、ここまでにして、出てもらいます。はい（手を一回打つ）、出てください。はい、はい（手を二回打つ）。

ご苦労さまでございました。本当にお疲《つか》れさまです。体力仕事ですね。当会も、体力を使い、汗《あせ》を流して取材していますね。大変なことです。もう、これは、テレビで直撃取材をしているようなものですね。

（チャネラーに）ご苦労さまでした。もう、本当に気分が悪いでしょう。齋藤氏の霊が夜に来るかもしれませんが（会場笑）、頑張ってください。

私も、あまり悪いものと縁《えん》をつけては、業務に少し支障が出て、問題がありますのでね。

まあ、今回は、正体が出てきたので、よいのではないでしょうか。

もし、これで駄目《だめ》だったら、「悪魔の汚染水」と題して、「社長が、手裏剣投げから、さらに進歩しているかどうか」とか、調べるものは、まだまだあります。あるいは、もっと古いご先祖もいらっしゃるかもしれませんし、ＰＬ系の方もあるかもしれません。

まあ、「当会も、連続追及《ついきゅう》をしようとすれば、まだまだできないわけではない」ということだけを一言申し上げて、この方は終わりにしましょうか。

里村　はい。ありがとうございます。

第2章

フリーライター・藤倉《ふじくら》善郎《よしろう》守護霊《しゅごれい》への喚問《かんもん》

二〇一三年八月一日　収録

東京都・幸福の科学総合本部にて

質問者

小林早賢《こばやしそうけん》（幸福の科学広報・危機管理担当副理事長）

里村英一《さとむらえいいち》（幸福の科学専務理事〔広報・マーケティング企画《きかく》担当〕）

渡邊伸幸《わたなべのぶゆき》（幸福の科学理事 兼《けん》 広報局長）

［役職は収録時点のもの］

1　幸福の科学に「ストーカー」する目的

教団をつけ回すフリーライターの守護霊《しゅごれい》を喚問《かんもん》する

大川隆法　それでは、次に、当教団をつけ回すフリーライター、藤倉善郎《ふじくらよしろう》のほうにいきます。

この者は、本当のところ、私を取材して有名になり、教団を追い込《こ》んで潰《つぶ》したりして、名前を上げたいのでしょう。以前、「オウム教叩《たた》き」で有名になり、参議院議員になったジャーナリストの有田芳生《ありたよしふ》氏のようにでもなりたいと夢想しているのではないかと思われます。

無名のため、まともに扱《あつか》ってもらえないことを本人は怒《おこ》っているのかもしれませんが、幸福実現党の街宣の邪魔《じゃま》をしに来たり、幸福の科学学園の行事に来たりと、幸福の科学グループのあちこちに出没《しゅつぼつ》しており、実は、教団のなかでは、すでに〝有名〟

なのです。各支部には、「この人が来たら気をつけるように」という〝指名手配〟が回っていて、教団内で非常に有名になっているのですが、そのことを十分にご理解いただいていないようです。

ただ、本当は、私と会って話をしたいのでしょうから、今日は、守護霊《しゅごれい》に、本人の言いたいこと、本心を訊《き》いて、レベルをチェックし、それにお答えするかたちにしたいと思います。

「週刊新潮《しんちょう》」が出してくる記事の出所は、幸福の科学について詳《くわ》しい〝情報通〟ということで使われている藤倉という人の情報と、もう一人、素性《すじょう》の知れない某《ぼう》ウオッチャーからの別情報と、この二つぐらいしかないようです。

そこで、「どんな考えを持っている人であるか」を、少し調べてみたいと思います。

里村　はい。お願いします。

大川隆法　では、まず、私のほうで呼びます。

ブログ「やや日刊カルト新聞」主筆・代表などと称《しょう》し、幸福の科学のあちこちに出没しているフリーライター・藤倉善郎氏の守護霊を呼びたいと思います。

藤倉善郎氏の守護霊よ。

どうか、幸福の科学総合本部にて、その本心を語りたまえ。

（約五秒間の沈黙《ちんもく》）

チャネラーの表情が藤倉氏そっくりに豹変《ひょうへん》

藤倉善郎守護霊　あああ……、うーん……。

里村　藤倉さんの守護霊ですか。

藤倉善郎守護霊　おまえらは、態度、悪いんだよ。

里村　態度が悪い？

藤倉善郎守護霊　ああ、ああ。

里村　誰《だれ》に対しての態度でしょうか。

藤倉善郎守護霊　マスコミに対しては、もっと敬意を持って接しろよな。

里村　さあ、それでは、そのあたりの思いのたけを、ぜひ、お話しいただきたいと思いますので、隣《となり》のチャネラーのほうに移っていただけますでしょうか。

藤倉善郎守護霊　うーん、うん。じゃあ、しょうがない。うっとうしい男だ。まあ、いやいや入ってやる。てっ！（手を一回打つ）

（約十五秒間の沈黙。ここでチャネラーの肉体に移る）

藤倉善郎守護霊　（質問者に）いやあ、おまえたちと話さないといけないのか、今日は。俺《おれ》、こっち（大川隆法）と話をしてえんだけどなあ（顔をしかめる）。

里村　今、なんだか、顔の表情がご本人そっくりになってきていて、すごいですね。

「大川隆法との対談」を実現して有名人になりたい願望

藤倉善郎守護霊　俺はさあ……、あれなんだよ。こちらのこの人、この人、この人と話がしたいんだよ。いやあ……、いや、俺はやっぱよお、一発逆転を狙《ねら》ってるんだよ。

里村　一発逆転？

藤倉善郎守護霊　一人もいないだろう？

里村　誰がですか。

藤倉善郎守護霊　「大川総裁に取材した人間」だよ。

里村　いや、今までに、何人かのジャーナリストがいましたが。

藤倉善郎守護霊　違《ちが》う、違うの！

渡邊　「文春《ぶんしゅん》」系の人もいらっしゃいましたよ。

藤倉善郎守護霊　違う。名前を出してまで、（誌面に）出たやつはいねえだろ？　「藤倉と大川隆法の対談取材」なんていうようなのはよぉ。いねえだろ？

里村　そもそも、「対談」にならないでしょう？

藤倉善郎守護霊　なるな。俺は、情報をいっぱい持ってるんだよ。「いかに幸福の科学がカルトか」っていう情報をたくさん持ってるんだ。それを、この人（大川隆法）に伝えたくても、おまえらが全部塞《ふさ》いでいくからよぉ。俺は、この人には伝わってない情報をたくさん持ってるんだよ。

里村　かつて、田原総一朗《たはらそういちろう》さんは、あるジャーナリストが大川総裁へのインタビューで、幸福の科学の噂話《うわさばなし》等の話題を出そうとしたときに、「くだらないことを訊くな！」と、その編集者を抑《おさ》えていました。「レベル」というものが全然分かっていないのでね。

藤倉善郎守護霊　違うな。「レベル」っていうのは、実はな、おまえらが「大事じゃない」と思うところに、世間《せけん》的にはすげえインパクトがあるんだよ。

里村　ほうほう。

藤倉善郎守護霊　俺は、おまえたちみたいな、そういう余計な〝フィルター〟が邪魔だから、総裁とやりてえんだよ、とにかく。なあ？

渡邊　それは、要するに、有名になりたいだけですか。

藤倉善郎守護霊　ええ？　まあ、ちょっと有名にはなりてえよなあ。うーん。

「有田芳生《ありたよしふ》」の名前に激しく反応する

渡邊　以前、「ロフトプラスワン」という外部会場でのイベントの際に、霊言《れいげん》を初めて一般《いっぱん》上映したことがありました。そのときに、里村さんと饗庭《あえば》さん（饗庭直道《じきどう》・幸福実現党調査局長）と僕《ぼく》とが出て、向こうは、藤倉さんとか、有田芳生《ありたよしふ》さんを誘《さそ》ったんですよ。あなたは……。

藤倉善郎守護霊　ああ、来たね。（顔をしかめ、右手で左耳を引っ張りながら）あー、あー、あー、あー、あー……。

渡邊　いやいや（笑）。耳を塞がないで、きちんと話を聞いてくださいよ。

藤倉善郎守護霊　え？　なーに、何？

里村　有田さんのお名前を聞きたくない？

渡邊　有田さんについては、どうですか。

藤倉善郎守護霊　うーん。そんなの、知らないよ。

渡邊　本当は、ああいうふうになりたいんでしょう？

藤倉善郎守護霊　いや、別に。いやあ、俺はなあ、本当は実力があるんだ。俺はなあ、現場から、フリーから上がってきたんだ。今はまだフリーだけどな。

里村　そうですよ。

藤倉善郎守護霊　だから、本当は、もっと取材力があるんだよ。俺はよぉ、原発取材もやってっからよぉ。俺はな、「現場で虐《しいた》げられている人たち」の生の声を聞いてやってるんだ。

おまえたちはなあ、そういう何か……、何だ、何て言うんだ？　おまえらの〝法律〟のことを、何て言うんだっけ？　ほ、ほ、ほうぶ？　ほう、「法」っていうのか。おまえらの「法」でこじつけてくるだろう？

実際、（幸福の科学学園）関西校でも、苦しんでる人たちがいたり、また学園からも追い出された苦しい人たちの声に耳を傾《かたむ》けず、おまえらは、「間違ってる」って、上から、こう、〝戒律《かいりつ》〟というかなあ、罰則《ばっそく》を押《お》しつけてだな……。

里村　実際に、「学園から追い出された」という人はいませんよ。

藤倉善郎守護霊　おい……、追い出したじゃないの？

里村　自分から転校された方はいますが。

藤倉善郎守護霊　学園でいじめがあったらしいじゃない？

渡邊　ないですよ。

藤倉善郎守護霊　いじめだって。いじめられてたんだよ。

里村　あなたに入っている、その情報のほうがおかしいのですが。

藤倉善郎守護霊　おかしくはない。教師たちも完全に〝洗脳〟されて、大川さんの教えの下《もと》で、ぜーんぶ統一されてるんだろう？

里村　先ほど、藤倉守護霊さんは、有田さんのお名前にすごく反応しました。確かに、有田さんも、「原発」から「統一協会《とういつきょうかい》」、そして、「オウム」というかたちで、結果的にはジャーナリストとしての名前を上げ、最後は、参議院議員にまでなったわけです。やはり、あなたも、そこまでいきたいのですか。

藤倉善郎守護霊　参議院……。うーん、まあ……、見本の一つだろうな。

教義は分からなくても「幸福の科学の第一権威《けんい》」を自任

藤倉善郎守護霊　いや、俺はねえ、「幸福の科学は、もっと狙える」と思ってんだよ。

里村　おお。

藤倉善郎守護霊　ああ、俺、別に、あんたがたの成長を否定してないよ。おまえらが……、ああ、あなたがた様が大きくなれば、俺が「第一権威《けんい》者」だからね。「幸福の科学の第一権威」になるから。

里村　まあ、それはどうかと思いますけどねえ（笑）。

藤倉善郎守護霊　いやあ、どんどん上がっていくと思うよ。おまえら、今ねえ、気づいてないけど、これから、どーんどん、おまえらのアンチが増えていくから。増えていったときに、情報を頼《たよ》られるのは俺だ。今さあ、学者も、幸福の科学の教義の研究を大してしてないから。無理なんだって、おまえ。

里村　いや、そんなことはありません。

藤倉善郎守護霊　あのねえ、（教えが）たくさんありすぎて、「カルト性」が何か、よく分からなくなってるから、今、俺しかいないんだよ。いろんな記者とか「権威」とかがいても、俺以外の人はみんな駄目《だめ》なんだよ。

一方的な情報源しか取材しない不可解な「公平感覚」

里村　ここで、公平を期するために、少し言っておきますが、あなたが、「当会に関して、たくさん情報を持っている」と言っても、その情報源は〝汚染《おせん》〟されています。つまり、問題を起こして当会から除名になったような人たちです。そういうところから得た、偏《かたよ》った情報ばかりであるため、あなたの情報を鵜呑《うの》みにすると危ないという評判が、マスコミ業界でもだんだん広がっていっています。

藤倉善郎守護霊　違う！　おまえたちはなあ、〝大本営発表《だいほんえい》〟で、「こうだ！」っていうのを、全員、こう、「はい、そうです」っていうかたちで〝洗脳〟していくだろう？　〝洗脳〟されちゃうとさ、見えないんだよ、真実が。

里村　〝大本営発表〟なんて、そんなことはしていませんよ。

藤倉善郎守護霊　俺は、だから、〝洗脳〟されてない底辺層の方々に声を聞いて、それを「やや日刊カルト新聞」で宣伝してるん……。

里村　全然、公平に声を聞いていません。

藤倉善郎守護霊　記事を書いてるんだよ。

里村　いつも、一方的な情報源からですよ。

藤倉善郎守護霊　それを、おまえらは全部封鎖《ふうさ》して、大川総裁には上手に報告してるんだろうが、でも、「総裁は、俺の存在を知ったら、『これは、藤倉っていう人との対談取材をしなきゃいけない』と思うだろう」と思って、今日はな、ちょっと気分がいいんだよなあ。

たった一人の反対者の声を全員の意見のように〝大本営発表《だいほんえい》〟

里村　いいですか。あなたは、聖地・徳島、川島町《かわしまちょう》のほうでも取材をしていますが、ごく一握《ひとにぎ》りどころではなく、ほんの〝一粒《ひとつぶ》〟の反対派の人の話だけを聞いて、それを記事にしており、周りにいる数多くの賛成派、あるいは賛同している方たちの話は何にも書いていません。

藤倉善郎守護霊　違う。反対派の言葉のなかに真理があるんだよ。

里村　では、なぜ、賛同派のほうに真理はないのですか。

藤倉善郎守護霊　「賛成派」なんていうのは一部の人間なんだ、実は。

里村　事実はまったく逆でしょう？

藤倉善郎守護霊　違うんだって。

小林　実際には、地元の人も賛成していて、「一対十四」だったわけです。その、たった一人の反対の声を、十五人全員のものであるかのように書いて、まさに〝大本営《だいほんえい》発表〟したのがあなたでしょう？

「取材」と称《しょう》して女子高生を映画館のなかで追いかけ回す？

小林　それから、「取材、取材」と言っていますが、それだったら、那須《なす》の映画館のなかで、女子高生を追いかけ回したりしないでくださいよ。

藤倉善郎守護霊　それは、おまえたちが……、ちゃんと取材させないからだよ。俺が（幸福の科学）学園に行ったときにもさあ、おまえたちから、きれいに〝舗《ほ》装《そう》〟されたところだけを見せられたって、分からないからさあ、だから、怪《あや》しげな……。

小林　あまりに一方的なことを言っているので、こちらも言わせていただきますが、そういう「行為《こうい》」を「取材」と称《しょう》するのはやめてくださいよ。それを言っておきます。

藤倉善郎守護霊　いや、ストーカー行為じゃない、あれは、健全な……。

里村　あなたは、「そんなつもりではなかった」と言うかもしれませんが。

藤倉善郎守護霊　幸福の科学の実態を暴《あば》かないと危ないだろう？　俺は、世間に対して危機を警告するために、学園の裏で、実はどんなことをやってるのかを見たいのに、おまえらが、ぜーんぶ〝舗装《ほそう》〟してくるから、それを暴くにはちょっと怪しげな行動を取らなかったら見えない……。

里村　しかし、そのように恣意《しい》的な取材で、しかも、ねじ曲がった取材源の話でもって、それを世間に警告するということは、たいへんな名誉毀損《めいよきそん》です。

藤倉善郎守護霊　いやあ、名誉毀損じゃないよ。世間の人たちは、俺の記事を認めて、たくさん見てくれてるから。

大川隆法　でも、まともなことは、何も書かないわけですね。

里村　書いていません。

藤倉善郎守護霊　あ、まとも……。

大川隆法　まともな話は理解できないのでは？

藤倉善郎守護霊　あんなもの、理解なんかできるわけないでしょう？　だからね、教えてあげよう。幸福の科学さんが、なぜ選挙で勝てないか。なぜうまくいかないか。それはね、左翼《さよく》の考えがないからなんですよ。

それは、底辺層で苦しんだことのある人にしか分からないんだよ。実は、おまえ、今、さっき、「一対十四」って言ったけどなあ、その「一」は、日本全国に並べたら、すごい数になるんだよ。

だから、俺は、その底辺層の言葉を代替《だいたい》してあげることで、日本中の人たちに支持を得ていくんだよ。

それで、あんたがたは、下のほうを「切り捨て」でしょう? おまえさんは頭が〝洗脳〟されてるから、そんな賛成派の話なんかを聞いて、反対派の話は聞かずに、もうすべてシャットアウトする。

あんたら、顔は笑顔で、心のなかでは「殺してやろう」と思ってるの、知ってんだよ。俺は、そういうのを知ってるから、反対派の人たちに、「気をつけろ」って言ってるんだ。

だから、知ってるだろ? 俺、いつも、おまえたちが取材をする前に行って、事前に話を聞いてきてるんだから。「あの人たちが来たら、そういう顔をするから気をつけろよ。騙《だま》されちゃいけないよ」って言ってな。案の定《じょう》、あんたがたがすっごい満面の笑みして来やがって。そんなのは知ってるんだよ。

里村　しかし、そういう藤倉さんの話も、広報の者はずっと聞いているでしょう?

藤倉善郎守護霊　いやあ、俺はね、「幸福の科学さんで、認められるところはちゃんと認めてあげよう」と思って……。

里村　本当に正当な批判等であれば、私たちもきちんと受け入れますよ。よいところは「よい」と、きちんと書けばいいのです。

藤倉氏が極端《きょくたん》にぶれるようになった二つの背景

渡邊　最近のあなたは、極端《きょくたん》にぶれているんです。それはなぜかと言えば、二つほど理由があると考えられます。

一つには、幸福の科学学園関西校の反対運動に加わり、徹底《てってい》的に反対派の立場でだけ報道するようになったこと。もう一つは、種村修《たねむらおさむ》たちのところと付き合いが始まったときに、誤った情報が入って、完全におかしくなってしまったと思うのですが（注。種村修は、初期の元職員で、別派活動をして除名になった人物。『舎利弗《しゃりほつ》の真実に迫《せま》る』

〔幸福の科学出版刊〕参照）。

藤倉善郎守護霊　いや、あのねえ、種村さんだっけ？　あっち系の情報がね、確実性があったんだよね。具体的な〝生〟の情報がいっぱい入ってきたのよねえ。

小林　ただ、彼の提供した情報をもとに書かれた記事は、全部嘘《うそ》だったことが裁判で証明されましたね。

藤倉善郎守護霊　あれ、何だっけ？　ほら、「文春」の記事ねえ……。幸福の科学の内情がよく分かった。

小林　しかし、それが「全部嘘だった」ということが、裁判でも明らかにされています。

渡邊　そうです。裁判ではっきりしましたから。

リスクを恐《おそ》れて「藤倉起用」を敬遠し始めたマスコミ

小林　結局、何を言っているかというと、客観的に見れば、あなたの取材した中身に対する信用性がどんどんなくなっていったわけですよ。今、「新潮」以外には、もうほとんど出られなくなっているでしょう?

藤倉善郎守護霊　いや。

渡邊　最近、全然、出てこなくなりました。

小林　「新潮」以外には、もうどこも使わなくなってきているでしょう?

藤倉善郎守護霊　違う、違う。それは……。

小林　情報が嘘っぽいから、あなたを使うことについて、どこも怖《こわ》がっています。

藤倉善郎守護霊　違うんですよ。今、幸福の科学を攻《せ》めるとさ、まだねえ、あんたがたが反撃《はんげき》してくるだろう？

里村　うん。

藤倉善郎守護霊　いやあ、あんたがたの裁判なんか、大したことないよ。それよりも、このねえ、「霊言攻め」がけっこうきついのは知ってるんだよ。だから、週刊誌はみんな黙《だま》ってるけど、本当は「恨《うら》み骨髄《こつずい》」だからね、あんたがた。

里村　ほうほう。

藤倉善郎守護霊　だから、いざ、何か、あんたがたが大失敗したときには、もう集中攻撃になるから。「フライデー」のときみたいにな（注。一九九一年に講談社が「週刊フライデー」誌上で幸福の科学を誹謗《ひぼう》・中傷し、それに対して信者たちが抗議《こうぎ》した出来事）。そのときに情報を持ってるのは、もう僕しかいないでしょう?

里村　でも、「文春」もときどきはやりますが、今はほとんど「新潮」だけです。

藤倉善郎守護霊　先ほど、大川総裁も言ってたように、今、「新潮」だけが頑張《がんば》ってんだけど、まあ、ここが〝最後の砦《とりで》〟だからさ。

里村　そうですか。

藤倉善郎守護霊　でも、これ、分かんないよ。いざ、流れが変わったら、マスコミは一気に変化してくるからね。

里村　あなたは、逆の流れのほうに行っているんですよね。

藤倉善郎守護霊　行かない、行かない。怪しい……。

小林　要するに、もはや、あなたは、「新潮」しか寄る辺《べ》がなくなってきているわけですが、その「新潮」のほうもね、裁判その他を経験して、だんだん、あなたのことを、「やっぱり、やばそうだな」というようになってきていると。

藤倉善郎守護霊　おい、違うよ。違う。

小林　この客観的な現実を、よく知っておいたほうがいいですよ。

藤倉善郎守護霊　僕はね、もう分かってるんだよ。何が成功するか。「ニッチ（隙間《すきま》）産業」っていうかね、誰もやってない、ここの部分に攻め込むことでねえ、今、底辺層にいる僕が、いきなりトップまで行ける可能性があるんだよ。

里村　とにかく有名になりたい？

藤倉善郎守護霊　有名なジャーナリストになれる。

統一協会《とういつきょうかい》と幸福の科学との区別もつかない不勉強ぶりが露呈《ろてい》

大川隆法　ただ、やはり、勉強が足りないのではないでしょうか。「当会の法が、他の教団の教えと、どう違うか」ということが理解できていないように思いますね。

藤倉善郎守護霊　いや、分かんないです。統一協会《とういつきょうかい》もやってたけど、同じじゃん、こだって。

里村　統一協会と区別がつかない？

藤倉善郎守護霊　いや、そんな区別はつかない。同じでしょ？　霊感商法じゃん、霊感商法。同じですよ。

里村　どこが霊感商法なんですか。

藤倉善郎守護霊　「病気治し」とか、いっぱいやってるでしょう？

小林　「統一協会と同じ」という理解をしているわけですね。

こう言っては悪いのですが、今はまだ、〝場末《ばすえ》のどさ回り〟をやっているから、目こぼしされていますけれども、その程度の理解と知識で、もう一段メジャーなメディアに載《の》ったら、あなたは一発で命取りになりますよ。

藤倉善郎守護霊　いやあ、俺が持ってるこの情報はね、大きいよ。

小林　もう少しきちんと、宗教上の教養と、法律上の知識の両方を、きっちりと勉強してからにしてくださいね。今は、〝場末〟でやっているから、みんな見逃《みのが》してくれていますが、その程度の理解で、もうワンランク上のメジャーなメディアに載ったら、あなたは一発でクビが飛びますよ。それについては、少し気をつけておいたほうがいいですよ。

「取材のために学園の図書館蔵書を総入れ替《か》え」という妄想《もうそう》

藤倉善郎守護霊　いや、俺、ちゃんとさあ、あんたがたの学園が教育基本法に違反《いはん》してるとか、ちゃんと情報を得て……。

渡邊　それが、そもそも間違っていたわけでしょう?

藤倉善郎守護霊　間違ってない。あんたがたは、怪しげな教育をしてるじゃない?

渡邊　「それは、間違ったラベリング（決めつけ）だ」ということで、裁判でも問題になりましたね？

藤倉善郎守護霊　政治的思想を伝えてるじゃないか。あれ、違反……。

渡邊　政治的なところも、教え全体のなかでの一つですからね。

藤倉善郎守護霊　で、あとさあ、何か、ほかの教えっていうか、本は読ませないで、あれでしょ？　もう、総裁の本だけ……。

小林　そういう嘘ばかり並べ立てているから、問題になったわけでしょう？

渡邊　僕は、あなたに学園の図書館を見せましたよね？

藤倉善郎守護霊　あっ！　あれはたぶんねえ、僕が来る前に並べたんだよ、絶対。あんたがたは、そういうことをやるんだって。

渡邊　（苦笑）あんなにたくさん並べられるわけがないでしょう？

小林　要するに、そういうレベルで書いていたのですね。

藤倉善郎守護霊　絶対に、あんたがたは、そういうことをやるんだよ。知ってるんだから、俺は。

渡邊　今までの話でもそうですが、あなたの言っていることは、やはり、事実を事実として言っていませんよね。

藤倉善郎守護霊　だから、僕は、怪しげなおっさんから離《はな》れて、早くね、もっと裏側を見たかったの。生徒に訊きたかった。おやじたちが全部、ガードするからさ。

「幸せになった人の声はすべて創作」という根拠《こんきょ》なき決めつけ

小林　要するに、「取材」とか何とか言っているけれども、本が並べてあるとか並べていないとか、そういうことの確認だけであって、「要するに、この教団は、どういうところで、何を教えていて、何をしようとしているのか」という中身に関しては、一歩たりとも入れないでいます。

そういう意味では、先ほど、「学者は何も勉強していない」と言われていましたが、あなたは、そのような学者の水準にさえ、まったく到達《とうたつ》していないところにいて、地面を這《は》っているような状態であるわけですよ。

藤倉善郎守護霊　違うよ。〝蓋《ふた》〟がついてる。あんたがたは、現場を見させないでしょう？　まず、現場を見させない。

渡邊　現場を見ても構いませんよ。
小林　現に、あなたは現場を見ましたよね？
渡邊　現場を見ましたよね。食堂のなかまでね。
藤倉善郎守護霊　見させない。あんな、あんな、あんなさあ、こう、彩《いろど》られた現場なんて、もう嘘くさくて書けやしない……。
里村　こちらは、あなたが司会をしたフリートークのイベントにも出て、台本なしに話しましたよ。
藤倉善郎守護霊　俺は、現場から離れた人の虐《しいた》げられてる声を聞いて、「やっぱり、やっぱり」と思ったよね。やっぱりだよぉ、ほんとに。

里村　いろいろな人に話を聞くのは結構ですよ。でも、幸せになっている方の話も、きちんと聞くべきでしょう？

藤倉善郎守護霊　だから、「幸せになっている人」の話は、たぶん、おまえたちが裏で文章（台本）を書いてるんだろう？

里村　あなたの取材のために、いちいち、そんなことをするような暇《ひま》はありませんよ。

藤倉善郎守護霊　いやあ。絶対書いてる。みんな、おんなじことを言うんだもん。「世界宗教幸福の科学……」とかさあ、みんな、おんなじことを言うんだもん。あれ、絶対、怪しいね。怪しい。それは怪しい。煽動《せんどう》して……。

地元と無関係の「共産党系活動家」による反対運動に肩入《かたい》れ

小林　いずれにしても、例えば、「幸福の科学学園関西校に行って、女子中高生の写真を撮《と》るような取材しかしようとしない」とか、結局、そのレベルの取材でとどまっていますので、そろそろ考え直してもよいのではないかという感じはしますね。

藤倉善郎守護霊　違う！　ちゃんと、関西校の反対派の住民の動きを見に行ったんだよ。あんた、幾《いく》ら交通費がかかったと思ってるんだよ。え？

小林　（笑）

渡邊　なぜ、あれほど関西校の件に入れ込んでいたんですか。

藤倉善郎守護霊　いやあ、あれ、けっこう楽しい……。

渡邊　ものすごく入れ込んでいましたよね？

藤倉善郎守護霊　入れ込んでましたよお。

渡邊　反対派の集会に行っても、なんだかみんなから持ち上げられ、拍手《はくしゅ》されて、すごいヒーローになったような感じだったんですよね？

藤倉善郎守護霊　うーん。いや、俺は、やっぱさあ、多くの人にこう、何て言うのかなあ……、もっと担《かつ》がれ、じゃないな、もっと称賛というか、もっと多くの人を救いたいんだよな。

渡邊　ふーん。

藤倉善郎守護霊　あのね、「あの学園ができる」ってことで、反対派の方々がほんとに苦しんだんだよ。それで、話を聞いてね、この学園の広報のおっかないやつらの話も聞いて、あと、何だっけ？　ちょっと忘れちゃったけどさ、おまえたちから、なんだかおっかない人を、学園に何人か送り込んだだろ？

渡邊　おっかない（笑）。優《やさ》しい人ばかりですよ。

藤倉善郎守護霊　そういう話を聞いても、顔だけは優しいけど、その裏で、ほんとは住民を虐げ、環境破壊《かんきょうはかい》をしていく？　「このあたり一帯を幸福の科学で染めて、いずれ、私たちも洗脳されていくのでは」って恐怖《きょうふ》におののいてる声を、俺は聞いてきたんだ。

それで、そういう人たちの声を代弁して、この反対運動を何とか盛り上げるなかで、俺は、彼ら、彼女らが救われる喜びを感じたいと同時に、それがまた次のなあ、俺の出世への道が見えたんだよなあ。

小林　「反対派の方々を虐げた」というようなことを言われましたが、要するに、地元住民でも何でもない、京都や東京などから乗り込んできた共産党系の人たちの話をまとめただけの話ではないですか。

藤倉善郎守護霊　いや、あの……。

小林　だから、そろそろ、そういう話はやめにして、考えを変えられたほうがよろしいのではないかと思いますね。

2 「新潮《しんちょう》」のクビ切り要員として

「俺が『新潮《しんちょう》』を食わせている」との誇大《こだい》発言

里村　ところで、先ほど、齋藤十一《さいとうじゅういち》さんの霊言《れいげん》は聴《き》いていましたか。

藤倉善郎守護霊　ああ。うーん。

里村　聴いていましたか。

藤倉善郎守護霊　うん。

里村　あなたのことを「チンピラ・フリー記者」と言っていましたよ。

藤倉善郎守護霊　よく言うよ。俺《おれ》のおかげで食ってるくせによ。あいつは、よく言うよ。ほんとに。

里村　どこがですか。「新潮《しんちょう》」が？

藤倉善郎守護霊　そうだ。俺のおかげで食ってるんじゃねえか。

里村　そんなことはないでしょう？

藤倉善郎守護霊　あいつら、幸福の科学のこと、分かんないからさあ。こちらの元奥《おく》さんと、俺しか、もう情報源はないんだからさ。

里村　はっきり言えば、「週刊新潮」編集部に対して、「もっとメジャーな記事や、もっと大きな特集などで、自分を使ってほしい」と思っているわけですか。

藤倉善郎守護霊　いや、いずれ使ってくれるでしょう。幸福の科学がおっきくなってくると同時にねえ。

里村　やはり、自分を使ってくれないことに対する不満がある？

藤倉善郎守護霊　俺は、幸福の科学のあとを一生ついていくから。ずっと。でも、今回、使ってるもん。

小林　いずれにしても、一ページにもならない記事のなかに、あなたのコメントが数行載《の》っただけで、「『新潮』を食わせている」と言うのは、誇大妄想《こだいもうそう》もいいところです。そのへんは、損得両方を考えたほうがいいと思いますよ。

藤倉善郎守護霊　いや、「新潮」じゃ、もう記事が書けないんだ。

「クビ切り要員」としての自覚はあるのか

大川隆法　あなたは、クビ切り要員でしょう？　「記事に名前が出ている」というのは、要するに、編集長がクビにならないようにするためなのです。

藤倉善郎守護霊　いやいや、違《ちが》う。

大川隆法　そういうことですよ。

藤倉善郎守護霊　それは違う。

大川隆法　「名前が出ている」というのは、「クビ切り要員」ということです。

渡邊　酒井《さかい》編集長とは、どんな関係ですか。

藤倉善郎守護霊　酒井さん？　俺が情報提供してやってんだよ、酒井んところのバカ編集長に。あいつ、バカだからさ、分かってねんだよ。幸福の科学をどう叩《たた》けばいいかが全然分かってないから、俺が、いちおう、どこに問題あるか指南してあげてんじゃないか。

ああ、いかん、いかん、いかん。お金がもらえない。ごめんなさい。酒井編集長に教えてあげてるんだ。教えてあげて、「どこに、幸福の科学の隙《すき》があって、カルト性があるかは、第一権威《けんい》である私に訊《き》きなさい」って言ってあげてるんだ。

小林　そうやってうぬぼれているのは結構だけれども、「なぜ、ほかの人が、コメンテーターとして出てこないか」というと……。

藤倉善郎守護霊　いや、取材してない……。

小林　要するに、「なぜ、『週刊新潮』が、あなたの名前を出したか」というと、あなたのみが、唯一《ゆいいつ》、ノコノコと出てきてくれるからですよ。ほかの人は、「自分が責任を取らされることを考えれば、言えることは何もない」と分かっているのです。「そうやって、『クビ切り要員』に使われているだけ」という話であって、あなたに権威があるわけではありません。あなた以外のコメンテーターは、全体の状況《じょうきょう》がよく分かっているので、あんな週刊誌には、ノコノコと出てこないのです。それだけのことです。

「子育てのために早く権威《けんい》が要《い》る」という本音

藤倉善郎守護霊　いや、だからさ、それが危ないから、今、早く名を上げなきゃいけないんだよなあ。いちばん名を上げるのは……。

頼《たの》むよ。一回でいいから、（もみ手をしながら）総裁に取材させてくれ。

里村　それで載って名前を上げたい？

藤倉善郎守護霊　そしたら、俺、だって、今、最近はね、プラスの記事も書いてるんだから。「やや日刊カルト新聞」に。

渡邊　全然書いていません。

藤倉善郎守護霊　いや、書いてる書いてる。

小林　今、途端《とたん》に態度が変わりましたね。最初は、調子のいいことを言っていましたが、要するに、客観的に見て、「自分は追い詰《つ》められている」という自覚があるわけです。

藤倉善郎守護霊　いや、そりゃ……。

小林　そして、「クビ切り要員だ」という自覚もあるわけですね。

しかし、ほかの人は賢《かしこ》いから、あんな週刊誌に、ノコノコと出てきたりしないのです。そのことは、よく分かっておいたほうがいいですよ。

もう一つ、アドバイスしておきますが、その調子で、もう一回、何らかの機会でワンランク上のメディアに出たら、一発でジャーナリスト生命は終わります。

藤倉善郎守護霊　いや、だから……。

小林　それを一言、言っておきます。

藤倉善郎守護霊　いや、だから、今、一発逆転の手を打とうと……。もう、うちは、子供を育てないといけないいんだからさあ。

小林　ああ、やっと本音が出てきましたね。

藤倉善郎守護霊　早く権威《けんい》が要《い》るんだよ。

渡邊　やはり、収入の部分はけっこうきついのですか。

藤倉善郎守護霊　あのねえ、関西校の人（反対派の住民）とかじゃ、もう、俺を支持してくれないからさあ。早くねえ……。

創価学会《そうかがっかい》のような脅《おど》しを一切《いっさい》しないのは「物足りない」？

大川隆法　「フライデー事件」の発端《ほったん》になった記事を書いた早川和廣《はやかわかずひろ》氏は、その後、干《ほ》されてしまって、廃業《はいぎょう》状態になってしまいました。

藤倉善郎守護霊　そうなんだよぉ。

大川隆法　あの人にも、家族がいましたけれどもね。

藤倉善郎守護霊　早川さん、干されたらしくてさあ。

大川隆法　ええ。どこも書かせてくれなくなったのです。「嘘《うそ》の記事を書いた」ということで、大事件になりましたからね。

それに対して、当会の信者が抗議《こうぎ》活動をしたわけですが、彼は、「個人的に身の危険を感じるようなことは一度もなかった」と、何かに書いていました。当会は、そういうことを一切《いっさい》しないのです。

だから、創価学会《そうかがっかい》と当会との違いが分からないなら、新潮社としても、少しおかしいですね。

藤倉善郎守護霊　実は、僕《ぼく》ねえ、殺されない自信はあるんですよ。

大川隆法　創価学会と戦うのが、新潮社の自慢《じまん》でしたよね。

藤倉善郎守護霊　そうそう。

大川隆法　「みな、命知らずで、『月夜の晩だけではないぞ』と脅《おど》されても平気な猛者《もさ》ばかりだ」ということが、自慢だったのです。

ところが、幸福の科学は、創価学会と違って、全然そういうことをしません。

藤倉善郎守護霊　しない。

大川隆法　物足りないでしょうね。

藤倉善郎守護霊　ああ。うーん。

大川隆法　実に、物足りないですよね？

藤倉善郎守護霊　物足りないねえ。

里村　「本当に、安心していられるかは分かりませんよ」とは、まあ、言いませんけれどもね（会場笑）。

藤倉善郎守護霊　おまえは、俺の生命《せいめい》を奪《うば》うっていうのか。

里村　いやいや。私は、そんなことは言っていませんよ。

藤倉善郎守護霊　おまえ、俺を殺したら、あれだよ。俺のところには社員が〝いっぱい〟いるんだから、目撃《もくげき》証人も〝いっぱい〟……。

おっ、オウム……。やっぱり、オウム真理教と一緒《いっしょ》じゃないか。

幸福の科学では〝危険犯〟として少し有名になった藤倉氏

大川隆法　あなたは、少し有名になりましたよ。会員のなかでは、〝危険犯〟として有名になりました。

藤倉善郎守護霊　確かにね、不思議なんだよ。最近、俺、髪《かみ》を切っただろ？　それなのに、俺が行くとさ、顔を覚えられてるんだよな。でもさ、運動会は、また公開するんでしょ？

小林　普通《ふつう》、しませんよ。

渡邊　危ない人が写真を撮《と》りに来たりするので、今は公開しないんですよ。

藤倉善郎守護霊　ええ？

小林　最近は、ストーカーや盗撮《とうさつ》が増えてきているので、公開しないのが普通なのです。

藤倉善郎守護霊　違う。それは怪《あや》しい人でしょ？　私はマスコミなんですからね。

小林　いや、あなたも怪しい人だから（苦笑）。

「強者にはレッテルを貼《は》ってよい」という自分勝手な論理

藤倉善郎守護霊　取材に行って、取材拒否《きょひ》なんてないですよ。普通、運動会で。私は取材で行ってる。〝公《おおやけ》の人〟として、取材に行ってるのに、あんたがたは、宗教の〝カルト性〟を出して、一切、取材拒否をした。

あれでしょ？　運動会で、たぶん、洗脳する曲でもかけてるんじゃないの？

里村　いいですか。もう一つ、私から言わせていただきたいのは、「『洗脳だ』とか『カルトだ』とか言ってレッテルを貼《は》り、特定の人たちをいろいろと批判するのは、あなたがいちばん嫌《きら》いなはずの差別だ」ということです。

藤倉善郎守護霊　マスコミっていうのは、いかにレッテルを貼るかで食ってるんだから。

里村　それが差別なんですよ。

藤倉善郎守護霊　差別じゃないよ。

里村　あなたは、本来、そういうのが嫌いなはずでしょう？　「それを、自分がやっている」という自覚を持たれたほうがいいと思いますよ。

藤倉善郎守護霊　いや、私は、弱者には、そんなレッテルを貼らないですよ。虐《しいた》げられてる人にはね。私は、強者の、いかがわしい連中に、レッテルを貼るんです。

里村　いいですか。私たちは、これから、社会で、しっかりと根を張って、大きくなろうとしているのであって、その意味では、決して強者でも何でもないんですよ。

藤倉善郎守護霊　いや、あんたがたは強いじゃない。

里村　「教義などを吟味《ぎんみ》せずに、『この人は、こうなんだ』と決めつけてレッテルを貼るのは、人間として最低の『差別』だ」ということを分かってください。

藤倉善郎守護霊　あんたがたはさあ、選挙で負けてるのに、偉《えら》そうだよ。

3 「ブラック・ジャーナリスト」の実態

藤倉氏には「創価学会《そうかがっかい》」への取材を勧《すす》めたい

小林　いろいろと難しいことを言っていますが、要は、「食べていくために、やっているのだ」ということがよく分かりました。

早川《はやかわ》氏の前例をよく研究してください。食べていくために、変な手の出し方をしたならば、あとで、あなた（地上の本人）が大変なことになりますから。

先ほど、家族の話をしていましたね。今日は、そこの話はあえてしませんが、家族を養うためにやっているのなら、そろそろ考えを変えたほうがいいですよ。

そういうことを、今日の結論にしておきたいと思います。

大川隆法　最近、「新潮《しんちょう》」では、躍進《やくしん》して与党《よとう》に入っている某《ぼう》政党や、その支持団体である大教団に関する記事が減っています。「X《エックス》デー」を待っているのかもしれませんが、かなり減っているのです。昔は、ずいぶん書いていたのにね。

信濃町《しなのまち》や八王子《はちおうじ》も取材して、もう少し、ジャーナリストとしての体力というか、知力を鍛《きた》えられたら、どうでしょうか。

藤倉善郎守護霊　いやあ。

大川隆法　そうすれば、「朝、ヘビやイタチの死体、ガラスの破片などが庭のなかに入っている」といった経験をして、「宗教を取材することが、どれほど大変なのか」ということを勉強できるでしょう。

その上で、当会に来たならば、「幸福の科学は、どれほど高級で上品な団体で、思想のレベルで戦っている団体であるか」ということがよく分かるはずです。

ほかのところも勉強されたら、どうですか。

藤倉善郎守護霊　いや、大変なんだよ。私のところは、社員が少ないのに、取材件数が多くて、足は車なんですから、そんな、たくさんねえ……。

小林　「社員が少ない」と言っても、ほとんどゼロです。しかも、別にメディアを持っているわけではなく、インターネットでブログを持っているだけですけどね。

「取材先を脅《おど》し、金銭《きんせん》を要求する」のが得意技《わざ》？

大川隆法　もう一歩、間違《まちが》うと、恐喝屋《きょうかつや》になるのではないですか。気をつけないと、「悪い記事を書くぞ」と言って、企業《きぎょう》を脅《おど》したりして、それで食べていくしかなくなると思います。あなたは、今、そうなるかどうかのスレスレのところを生きていますね。

藤倉善郎守護霊　ん？　うーん。

大川隆法　この前、私は、幸福の科学学園関西校へ視察に行ったとき、あなたが体育祭の取材をしようとして朝八時から来て、拒否《きょひ》されているところを、たまたま、見かけました。

藤倉善郎守護霊　え？　見たんですか。

大川隆法　ええ。車で行ったので、車内からその様子を見たのです。

藤倉善郎守護霊　え？　なんで、声をかけてくれないんですか。

大川隆法　朝の八時に来ていたので、前の日から来て泊《と》まっていたのだろうと思いますが、取材拒否されたら、宿泊《しゅくはく》代と交通費の元が取れませんよね。だから、すごむのでしょう。「そういう場合には、お車代を包んで渡《わた》せ。それを胸に収めれば、黙《だま》っておいてやる」というようなことが、あなたの得意技《わざ》なのではないかと思います。本当は、そういう〝前科〟がたくさんあるのではないですか。

藤倉善郎守護霊　まあ、そうですねえ。うんうん。

大川隆法　そうですよね？　それで食べているはずですよ。いわゆる〝ブラック〟というものですね。一歩間違うと、ブラックメール（恐喝・ゆすり）です。

藤倉善郎守護霊　いや、フリーっていうのはねえ、ブラックネタじゃないと使ってくれないんですよ。まともなネタはねえ、週刊誌が使わない。

「フライデー」の記者にもお車代を渡《わた》さなかった幸福の科学

小林　かつて、「フライデー」の記者からも、お車代を要求されるようなことがあったんですよ。

大川隆法　そうなんです。

小林　だから、われわれは、「あなたがやっていることは、要するに、そのレベルだ」ということをよく知っているのです。

藤倉善郎守護霊　少なくとも、ブラックから抜《ぬ》けるから、あんたがた、ちゃんと、私の取材を受けなさいよ。取材拒否じゃないか。

小林　ブラックから抜けるためには、先ほど、大川総裁がアドバイスされたとおり、もう少し知力を鍛えて、創価学会《そうかがっかい》のある信濃町のほうにビシッと取材に行けばいいではないですか。

藤倉善郎守護霊　（舌打ち）創価学会は……。

小林　最近、「新潮」も、柔《やわ》になっていますから。

大川隆法　そうすれば、違いがよく分かりますよ。

藤倉善郎守護霊　大変なんですよ。幸福の科学だけでも大変なのに、そんな、二強を持ったら大変ですよ。ほんと、命が幾《いく》らあっても足らない。

大川隆法　どちらからやられてるか、分からない？　ただ、当会のほうは、大丈夫《だいじょうぶ》ですよ。言論で来ますから、大丈夫です。

ちなみに、フライデーの記者も、最初は、九州でのセミナーか何かに取材に来ました。遠くて、飛行機に乗って来ているから、お車代が欲《ほ》しいですよね。しかし、当会は、タダで叩き出し、フライデーの取材をお断りしたのです。それで、ワーッと連載《れんさい》して書き始めたわけです。

業界慣行では、お車代として十万円ぐらい包まなければいけなかったらしいのです。そのへんについて、当会は〝常識〟に疎《うと》かったのかもしれませんが、そういうことは、あまり、したくはありません。

まあ、十万円ぐらい包んだら、それで機嫌《きげん》よく帰ったのでしょうが、当会は、それをしませんでした。そもそも、当時は、「そういうブラックメール型の取材をやっている」ということを知らなかったものですからね。

藤倉善郎守護霊　なんで、今回の参院選で街宣しなかったのよ？

大川隆法　街宣？

小林　当会は、どんどん進化していますから。

「幸福の科学をゆするのは無理だ」と知るべき

藤倉善郎守護霊　進化じゃないでしょ？　もう撤退《てったい》するから、総裁が出てこなかったんでしょ？

小林　（苦笑）お車代を要求する気分で、すごむのは、そろそろ、やめにされたほうがいいと思います。

藤倉善郎守護霊　私の取材が怖《こわ》くなったのかなあ。うん？

小林　（爆笑）

大川隆法　ゆするのは無理ですよ。当会の場合、本気になったら、大変なことになりますから。

あなたに対しては、まだ、ものすごく加減をしていますが、今、広報局は、「この〝蚊《か》〟を殺生《せっしょう》してよいかどうか。殺生しないで窓から逃《に》がすか、蚊取り線香《せんこう》を焚《た》くか、手でパチンと叩くか」というような判断を考えているところですからね。

藤倉善郎守護霊　まあまあ、平和に行きましょうよ、平和に。平和に行きましょうよ。

里村　実力相応のところで、キチッと止《と》めておいたほうがいいと思います。

藤倉善郎守護霊　平和に行きましょうよ。

大川隆法　あなたの書いているものを見るかぎり、少なくとも、知力が足りなすぎます。〝弾《たま》〟が、まともなところに全然当たっていません。

小林　私は、有田芳生《ありたよしふ》氏と話をしたことがありますが、あなたの知力は、彼の知力の百分の一以下ですよ。

藤倉善郎守護霊　そんな言い方はないじゃないの。ええ？

小林　「客観的に見て、そうだ」と言っておきます。

藤倉善郎守護霊　どっこいどっこいだ。どっこいどっこい。

小林　いいか悪いかは別にして、彼には、あなたの百倍の知力がありました。それを、最後の一言として言っておきます。はい、どうもありがとうございました。

大川隆法　まあ、以上にしましょうか。はい。抜けてください（チャネラーに向けて、三回、手を叩く）。

4　宗教は冒瀆《ぼうとく》を許さない

「新潮社《しんちょうしゃ》への警告」でもある今回の霊言《れいげん》

大川隆法　出してもらっただけでも満足でしょう。これで、少しだけ有名になりますね。ただ、教団内だけでなく、関係マスコミに対する警告もなされたので、ほかのところは、「この人を使いたい」とはあまり思わないでしょう（笑）。

今回、当会のほうでは、「要注意人物としてマークされた」ということが、記録として残りました。

また、「週刊新潮《しんちょう》」の編集長は、この人を「クビ切り要員」として、疑似餌《ぎじえ》のようにぶら下げているのだと思いますが、「それでは済まなくなってくる」というところが、今日の狙《ねら》いです。

つまり、「今回、齋藤十一《さいとうじゅういち》の霊言《れいげん》と一緒《いっしょ》に出した」ということは、「新潮社の経営責任と一体のものとして、責任を取らせる。フリーライターを使っているからといって、逃《に》がさないぞ」という趣旨《しゅし》でもあります。

今回の霊言を通して、「新潮社の意志と一体になって、藤倉氏は動いている」という事実を世間《せけん》に告知しているのであって、これはウォーニング（警告）です。それを理解してもらいたいと思います。

まあ、当会のほうは、連続追及《ついきゅう》が可能です。毎年一回ぐらい要求しているのであれば、ときどき、やりますけれども。

里村　もう、これで大丈夫《だいじょうぶ》だと思います。頑張《がんば》ります。

大川隆法　新潮社は、社長や編集長の守護霊霊言を出されたら、当会に怒《おこ》ってきてもいいのに、なぜ、そうしないのでしょうか。「俺《おれ》は、そんなに手裏剣《しゅりけん》はやっていない。チャンバラのほうが好きなんだ」とか、言ってくれればよいのに（笑）。

里村　（笑）

大川隆法　なぜ言論を使わないのでしょうか。「手裏剣なんて、そんな古いことを言わないでほしい。ピストルが好きだ」とか、言えばよいのに。

小林　佐藤《さとう》社長は、いろいろなパーティーでも逃げまくっているようです。

大川隆法　（笑）声をかけられるのを嫌《いや》がっているのでしょう。

週刊誌や写真誌の本質は、忍者《にんじゃ》のようなものです。彼らは、「隠《かく》れて攻撃《こうげき》し、闇討《やみう》ちにする」というのが専門ですから、「過去世《かこぜ》は忍者だった」というのは当たっているんですよ。まあ、本質的には、そういう種族です。要するに、「そういうところにいられるような人たちが、集まってきている」ということなのです。

藤倉氏は「斬《き》られ役」として使われていることの自覚を

大川隆法　また、週刊誌で記事を書いているフリーライターは、雇《やと》われ素浪人《すろうにん》のような役でしょう。加勢するために、酒代《さかだい》で雇っているような感じですね。斬《き》り込《こ》み要員、かつ、切り捨て要員だと思います。

里村　はい。

大川隆法　斬り込ませて、斬られる役でしょう。斬られ代として幾《いく》らもらっているのかは知りませんが、個人企業《きぎょう》として採算が取れるかどうかをよく考えて、計算したほうがよいと思います。

私の率直《そっちょく》な感想としては、「専門のジャーナリストとして当会を追うにしては、勉強量が圧倒《あっとう》的に足りなすぎて、まったく話にならない」と思います。この指摘《してき》が分からないようであれば、それこそ、もう話にならないレベルでしょう。川で、底ざらいをして、虫の研究か何かをしているほうが、よほど、よいと思います。

まあ、藤倉氏は、「『斬られ役』として使われている」ということを自覚したほうがよいと思います。私たちは、そういう目で見ているわけです。

私は、幸福の科学学園の関西校で、彼が取材を断られている様子を目撃したとき、「取材代を稼《かせ》げず、個人的に赤字になるので、頭にきているのだろう」ということは分かりましたが、純粋《じゅんすい》な子供たちを、彼の毒牙《どくが》にかけるわけにはいきません。写真を撮《と》られたりして、いろいろなものに載《の》せられるのは、困るのです。

私たちは、「子供たちを傷つけるわけにはいかない。そういう人たちから、子供たちを守らなければいけない」と思うので、取材を拒否《きょひ》するのは当たり前のことです。

ちなみに、当日は、そのせいで、私も被害《ひがい》に遭《あ》いました。私の秘書が、関西校に入れなかったのです（笑）。関西校側の人は、私の秘書を知らないため、「所属部署はどこですか」などと言って、通さなかったようです。その秘書は、たまたま正心宝《しょうしんほう》（幸福の科学の宝具《ほうぐ》の一つで、首にかける）をつけていなかったため、藤倉氏と同じ筋の人かと間違《まちが》われ、入れなかったわけで、現実に、そういう迷惑《めいわく》も生じています。

ほどほどにしていただかないといけません。〝行儀《ぎょうぎ》〟が少し悪かったですね。

それから、私が埼玉《さいたま》で街宣したときも、〝行儀〟が少し悪かったです。周りが「やめなさい」と言っているのに、道路を渡《わた》り、私が街宣車から降りてくる所まで来て、写真を撮りまくっていました。あのへんは、ほかの教団であったならば、殴《なぐ》り殺されてもしかたがないぐらいの〝行儀〟の悪さだと思います。当会だから、黙《だま》っているのです。それを甘《あま》く見ているならば、やはり、神罰《しんばつ》が下《くだ》ることもあるかもしれません。気をつけたほうがよいと思います。

宗教というのは、最後は、そういう冒瀆《ぼうとく》を許しません。それは、どこも一緒です。

里村　はい。

大川隆法　（チャネラーに）ああ、もう、藤倉氏の守護霊を帰らせているのに、あなたに説教するような感じになって、ごめんなさい（会場笑）。いちおう追加です（チャネラーに向けて、手を一回叩《たた》く）。はい。

それでは、以上でよろしいですか。

里村　はい。ありがとうございました。

あとがき

新潮社の政治・経済記事を一瞥《いちべつ》すると、大体数年遅れで当会の後を追っている保守系の雑誌のようである。政治系のオピニオンの方向に大差がないとすれば、なにゆえに、しつようにに、当会へのストーカー的イヤガラセ記事を書き続けるのか。

答えとしてあるのは、嫉妬心、競争心、うらみ、つらみ、ねたみ、怒り、金銭的欲望、権勢欲、異性欲、地位欲、名誉欲、出版社としての没落感、そして宗教的邪《じゃ》見《けん》だろう。いずれも悪魔の仕事道具である。

早く眼《め》のウロコを落として、真実と対面する勇気を持つがよい。いくら有名人を撃ち落として、自尊心を満たしても、死んで無間地獄《むけんじごく》という思想犯の独房《どくぼう》に半永久的に留置《りゅうち》されては、人生の採算がとれまい。善を推進する気概を持たれよ。

二〇一三年　八月二日

幸福《こうふく》の科学《かがく》グループ創始者兼総裁《そうししゃけんそうさい》　大川隆法《おおかわりゅうほう》

『「仏説・降魔経」現象編――「新潮の悪魔」をパトリオットする』

大川隆法著作関連書籍

『大川隆法の守護霊霊言』(幸福の科学出版刊)
『「週刊新潮」に巣くう悪魔の研究』(同右)
『徹底霊査「週刊新潮」編集長・悪魔の放射汚染』(同右)
『人間失格――新潮社 佐藤隆信社長・破滅への暴走』(同右)
『現代の法難①』(同右)
『舎利弗の真実に迫る』(同右)
『「河野談話」「村山談話」を斬る!』(同右)
『「首相公邸の幽霊」の正体』(同右)
『そして誰もいなくなった
――公開霊言 社民党 福島瑞穂党首へのレクイエム――』(同右)

『従軍慰安婦問題と南京大虐殺は本当か？』（同右）
『スピリチュアル政治学要論』（同右）
『皇室の未来を祈って』（同右）
『今上天皇・元首の本心　守護霊メッセージ』（同右）
『守護霊インタビュー　皇太子殿下に次期天皇の自覚を問う』（同右）
『池上彰の政界万華鏡』（同右）
『「中日新聞」偏向報道の霊的原因を探る』（同右）
『朝日新聞はまだ反日か』（同右）
『ＮＨＫはなぜ幸福実現党の報道をしないのか』（同右）
『ビートたけしが幸福実現党に挑戦状』（幸福実現党刊）
『憲法改正への異次元発想』（同右）
『篠原一東大名誉教授「市民の政治学」その後』（同右）
『徹底霊査　橋下徹は宰相の器か』（同右）

「仏説《ぶっせつ》・降魔経《ごうまきょう》」現象編《げんしょうへん》――
「新潮《しんちょう》の悪魔《あくま》」をパトリオットする

2013年8月9日　初版第1刷

著　者　　大《おお》　川《かわ》　隆《りゅう》　法《ほう》

発行所　　幸福の科学出版株式会社

〒107-0052 東京都港区赤坂2丁目10番14号
TEL(03)5573-7700
http://www.irhpress.co.jp/

印刷・製本　株式会社 堀内印刷所

落丁・乱丁本はおとりかえいたします

ISBN978-4-86395-375-8 C0036

大川隆法 霊言シリーズ・悪質ジャーナリズムの過ちを正す

人間失格―― 新潮社 佐藤隆信社長・破滅への暴走

今度は、幸福の科学学園の捏造記事を掲載。ウソの記事でターゲットを社会的に抹殺しようとする、「週刊新潮」の常套手段を暴く!

1,400円

徹底霊査 「週刊新潮」編集長・悪魔の放射汚染

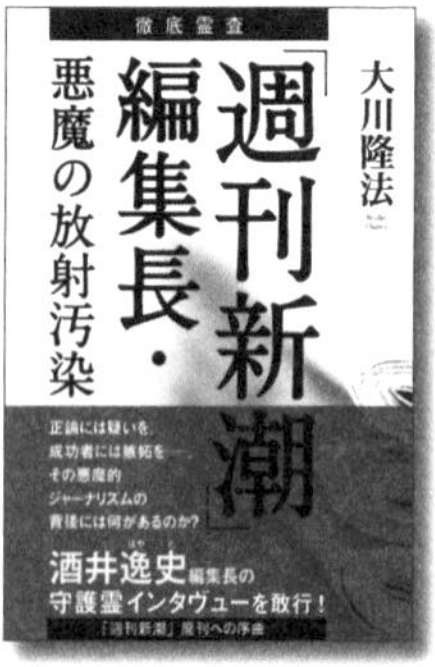

「週刊新潮」酒井逸史編集長の守護霊インタヴュー! 悪魔と手を組み、地に堕ちた週刊誌ジャーナリズムの実態が明らかになる。

1,400円

「週刊新潮」に巣くう悪魔の研究

週刊誌に正義はあるのか

ジャーナリズムに潜み、世論を操作しようとたくらむ悪魔。その手法を探りつつ、マスコミ界へ真なる使命の目覚めを訴える。

1,400円

※表示価格は本体価格(税別)です。

大川隆法霊言シリーズ・マスコミの本音を直撃

池上彰の政界万華鏡

幸福実現党の生き筋とは

どうなる参院選? どうする日本政治? 憲法改正、原発稼働、アベノミクス、消費税増税……。人気ジャーナリストの守護霊が、わかりやすく解説する。

1,400円

ニュースキャスター 膳場貴子の スピリチュアル政治対話

守護霊インタビュー

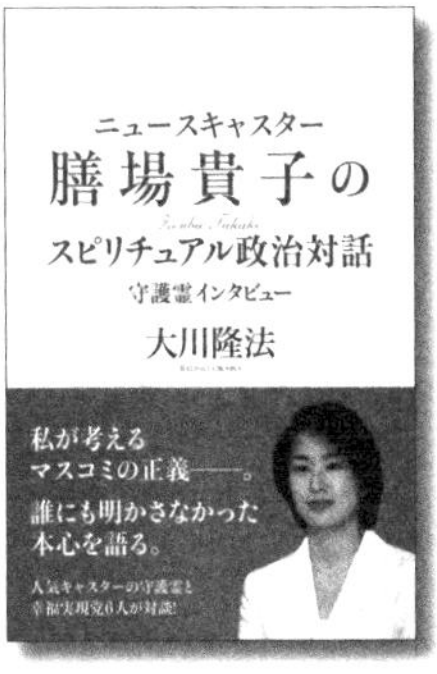

この国の未来を拓くために、何が必要なのか? 才色兼備の人気キャスター守護霊と幸福実現党メンバーが、本音で語りあう。

【幸福実現党刊】

1,400円

筑紫哲也の大回心

天国からの緊急メッセージ

筑紫哲也氏は、死後、あの世で大回心を遂げていた!? TBSで活躍した人気キャスターが、いま、マスコミ人の良心にかけて訴える。

【幸福実現党刊】

1,400円

幸福の科学出版

大川隆法 霊言シリーズ・正しい歴史認識を求めて

「河野談話」「村山談話」を斬る！

日本を転落させた歴史認識

根拠なき歴史認識で、これ以上日本が謝る必要などない!! 守護霊インタビューで明らかになった、驚愕の新証言。「大川談話（私案）」も収録。

1,400円

「首相公邸の幽霊」の正体

東條英機・近衛文麿・廣田弘毅、日本を叱る！

その正体は、日本を憂う先の大戦時の歴代総理だった！ 日本の行く末を案じる彼らの悲痛な声が語られる。安倍総理の守護霊インタビューも収録。

1,400円

公開霊言 東條英機、「大東亜戦争の真実」を語る

戦争責任、靖国参拝、憲法改正……。他国からの不当な内政干渉にモノ言えぬ日本。正しい歴史認識を求めて、東條英機が先の大戦の真相を語る。
【幸福実現党刊】

1,400円

※表示価格は本体価格（税別）です。

大川隆法霊言シリーズ・最新刊

天照大神の未来記

この国と世界をどうされたいのか

日本よ、このまま滅びの未来を選ぶことなかれ。信仰心なき現代日本に、この国の主宰神・天照大神から厳しいメッセージが発せられた!

1,300円

真の参謀の条件

天才軍師・張良の霊言

「一国平和主義」を脱しなければ、日本に未来はない。劉邦を支えた名軍師が、日本外交&国防の問題点を鋭く指摘。日本の危機管理にアドバイス。
【幸福実現党刊】

1,400円

H・G・ウェルズの未来社会透視リーディング

2100年 ―― 世界はこうなる

核戦争、世界国家の誕生、悪性ウィルス……。生前、多くの予言を的中させた世界的SF作家が、霊界から100年後の未来を予測する。

1,500円

幸福の科学出版

大川隆法ベストセラーズ・希望の未来を切り拓く

未来の法
新たなる地球世紀へ

暗い世相に負けるな！ 悲観的な自己像に縛られるな！ 心に眠る無限のパワーに目覚めよ！ 人類の未来を拓く鍵は、一人ひとりの心のなかにある。

2,000円

ミラクル受験への道
「志望校合格」必勝バイブル

受験は単なるテクニック修得ではない！「受験の意味」から「科目別勉強法」まで、人生の勝利の方程式を指南する、目からウロコの受験バイブル。

1,400円

教育の使命
世界をリードする人材の輩出を

わかりやすい切り口で、幸福の科学の教育思想が語られた一書。イジメ問題や、教育荒廃に対する最終的な答えが、ここにある。

1,800円

幸福の科学グループのご案内

宗教、教育、政治、出版などの活動を通じて、地球的ユートピアの実現を目指しています。

宗教法人　幸福の科学

一九八六年に立宗。一九九一年に宗教法人格を取得。信仰の対象は、地球系霊団の最高大霊、主エル・カンターレ。世界百カ国以上の国々に信者を持ち、全人類救済という尊い使命のもと、信者は、「愛」と「悟り」と「ユートピア建設」の教えの実践、伝道に励んでいます。

（二〇一三年八月現在）

愛

幸福の科学の「愛」とは、与える愛です。これは、仏教の慈悲《じひ》や布施《ふせ》の精神と同じことです。信者は、仏法真理をお伝えすることを通して、多くの方に幸福な人生を送っていただくための活動に励んでいます。

悟り

「悟り」とは、自らが仏の子であることを知るということです。教学《きょうがく》や精神統一によって心を磨き、智慧《ちえ》を得て悩みを解決すると共に、天使・菩薩《ぼさつ》の境地を目指し、より多くの人を救える力を身につけていきます。

ユートピア建設

私たち人間は、地上に理想世界を建設するという尊い使命を持って生まれてきています。社会の悪を押しとどめ、善を推し進めるために、信者はさまざまな活動に積極的に参加しています。

国内外の世界で貧困や災害、心の病で苦しんでいる人々に対しては、現地メンバーや支援団体と連携して、物心両面にわたり、あらゆる手段で手を差し伸べています。

年間約３万人の自殺者を減らすため、全国各地で街頭キャンペーンを展開しています。

公式サイト **www.withyou-hs.net**

ヘレン・ケラーを理想として活動する、ハンディキャップを持つ方とボランティアの会です。視聴覚障害者、肢体不自由な方々に仏法真理を学んでいただくための、さまざまなサポートをしています。

公式サイト **www.helen-hs.net**

INFORMATION

お近くの精舎・支部・拠点など、お問い合わせは、こちらまで！

幸福の科学サービスセンター

TEL. **03-5793-1727**（受付時間 火〜金：10〜20時／土・日：10〜18時）

宗教法人 幸福の科学 公式サイト **happy-science.jp**

教育

学校法人 幸福の科学学園

学校法人 幸福の科学学園は、幸福の科学の教育理念のもとにつくられた教育機関です。人間にとって最も大切な宗教教育の導入を通じて精神性を高めながら、ユートピア建設に貢献する人材輩出を目指しています。

幸福の科学学園

中学校・高等学校(那須本校)
2010年4月開校・栃木県那須郡(男女共学・全寮制)
TEL 0287-75-7777
公式サイト happy-science.ac.jp

関西中学校・高等学校(関西校)
2013年4月開校・滋賀県大津市(男女共学・寮及び通学)
TEL 077-573-7774
公式サイト kansai.happy-science.ac.jp

幸福の科学大学(仮称・設置認可申請予定)
2015年開学予定
TEL 03-6277-7248(幸福の科学 大学準備室)
公式サイト university.happy-science.jp

仏法真理塾「サクセスNo.1」

小・中・高校生が、信仰教育を基礎にしながら、「勉強も『心の修行』」と考えて学んでいます。
TEL 03-5750-0747(東京本校)

不登校児支援スクール「ネバー・マインド」

心の面からのアプローチを重視して、不登校の子供たちを支援しています。
また、障害児支援の**「ユー・アー・エンゼル!」**運動も行っています。
TEL 03-5750-1741

エンゼルプランV

幼少時からの心の教育を大切にして、信仰をベースにした幼児教育を行っています。
TEL 03-5750-0757

学校からのいじめ追放を目指し、さまざまな社会提言をしています。また、各地でのシンポジウムや学校への啓発ポスター掲示等に取り組むNPO「いじめから子供を守ろう!ネットワーク」を支援しています。

公式サイト mamoro.org
ブログ mamoro.blog86.fc2.com
相談窓口 TEL.03-5719-2170

政治

幸福実現党

内《ない》憂《ゆう》外《がい》患《かん》の国難に立ち向かうべく、二〇〇九年五月に幸福実現党を立党しました。創立者である大川隆法党総裁の精神的指導のもと、宗教だけでは解決できない問題に取り組み、幸福を具体化するための力になっています。

党員の機関紙
「幸福実現NEWS」

TEL 03-6441-0754
公式サイト hr-party.jp

出版
メディア
事業

幸福の科学出版

大川隆法総裁の仏法真理の書を中心に、ビジネス、自己啓発、小説など、さまざまなジャンルの書籍・雑誌を出版しています。他にも、映画事業、文学・学術発展のための振興事業、テレビ・ラジオ番組の提供など、幸福の科学文化を広げる事業を行っています。

TEL 03-5573-7700
公式サイト irhpress.co.jp

入会のご案内

あなたも、幸福の科学に集い、
ほんとうの幸福を
見つけてみませんか？

幸福の科学では、大川隆法総裁が説く仏法真理をもとに、
「どうすれば幸福になれるのか、また、
他の人を幸福にできるのか」を学び、実践しています。

入会

大川隆法総裁の教えを信じ、学ぼうとする方なら、どなたでも入会できます。入会された方には、『入会版「正心法語」』が授与されます。（入会の奉納は1,000円目安です）

ネットでも**入会**
できます。詳しくは、
下記URLへ。
happy-science.jp/joinus

三帰《さんき》誓願《せいがん》

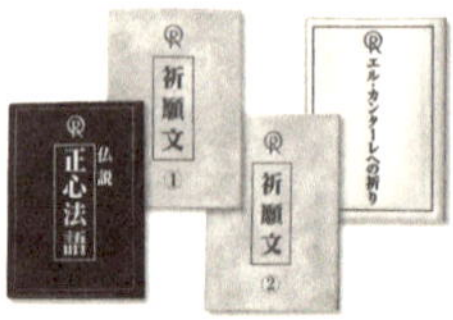

仏弟子としてさらに信仰を深めたい方は、仏・法・僧の三宝への帰依を誓う「三帰誓願式」を受けることができます。三帰誓願者には、『仏説・正心法語』『祈願文①』『祈願文②』『エル・カンターレへの祈り』が授与されます。

植福《しょくふく》の会

植福は、ユートピア建設のために、自分の富を差し出す尊い布施の行為です。布施の機会として、毎月1口1,000円からお申込みいただける、「植福の会」がございます。

「植福の会」に参加された方のうちご希望の方には、幸福の科学の小冊子（毎月1回）をお送りいたします。詳しくは、下記の電話番号までお問い合わせください。

月刊
「幸福の科学」

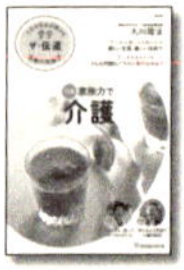

ザ・伝道

ヤング・ブッダ

ヘルメス・
エンゼルズ

INFORMATION

幸福の科学サービスセンター
TEL. **03-5793-1727**（受付時間 火～金：10～20時／土・日：10～18時）
宗教法人 幸福の科学 公式サイト **happy-science.jp**